阎崇年/主编

张 伟/编著

风云人物

明朝卷

知识出版社
Knowledge Publishing House

图书在版编目（CIP）数据

历史风云人物. 明朝卷/张伟编著.—北京：知识出版社，2018.1

ISBN 978-7-5015-7756-9

Ⅰ.①历… Ⅱ.①张… Ⅲ.①历史人物—生平事迹—中国—明代—青年读物 ②历史人物—生平事迹—中国—明代—少年读物 Ⅳ.①K820.2-49

中国版本图书馆CIP数据核字（2013）第255355号

丛书编辑：王　宇　鞠慧卿
本书责任编辑：程广媛
责任印制：魏　婷

知识出版社 出版发行

（北京阜成门北大街17号　邮政编码：100037　电话：010-68315606）

网址 http://www.ecph.com.cn

新华书店经销

三河市双升印务有限公司

开本：710毫米×1000毫米 1/16　印张：12.25　字数：135千字

2018年1月第1版　2023年8月第3次印刷

ISBN 978-7-5015-7756-9

定价：38.00元

本书如有印装质量问题，可与出版社联系调换

引　言

　　明朝（1368~1644）是中国历史上最后一个由汉族建立的中原王朝，历经 16 位皇帝，统治 277 年。1368 年，朱元璋在清除陈友谅、张士诚等势力后称帝，国号大明。因明朝的皇帝姓朱，故又称朱明王朝。明朝初期定都于应天（今南京），其辖区称为京师。1421 年，明成祖把国都迁至北京，将原京师改称为南京。

　　明前期，经过明太祖朱元璋的洪武（1368~1398）之治，国力迅速成长。到明成祖时期，国势到达巅峰，后世称为永乐盛世。其后的明仁宗和明宣宗时期仍处于兴盛时期，史称仁宣（1424~1435）之治。明英宗与明代宗时期，虽有土木堡之变，但经于谦等人抗敌，最终解除国家危机。明宪宗与明孝宗相继与民休息，政局尚可平稳。明武宗朱厚照沉溺游乐，最终使明孝宗一脉绝嗣，引发大礼议之争。明世宗即位后，清除宦官和权臣势力，总揽政权，在东南沿海任用胡宗宪、俞大猷等将领，平定倭患。后经历明穆宗隆庆（1567~1572）新政和明神宗万历（1573~1620）中兴，国力得到恢复。明神宗中期，完成万历三大征，平定内乱，粉碎丰臣秀吉攻占朝

1

鲜的计划。明熹宗天启年间（1621~1627），魏忠贤阉党祸乱朝纲，到明思宗朱由检即位后才废除宦官专政。然而明思宗政策失误和天灾不断，明朝最终亡于农民军建立的大顺政权。1644年，明思宗自缢于煤山（今北京景山），至此明朝统治结束。随后，清军击败农民军并入主中原。后继南明与明郑政权一直延续数十年，直至1683年清军占领台湾。

目 录

第一编
君臣篇

第二编
思想文化篇

第三编
科学技术篇

明朝建立以后，朱元璋吸取了元朝权力分散的教训，利用元末农民起义造成的有利条件，建立了许多新的制度，加强中央集权，使社会经济得到了一定的恢复和发展，阶级矛盾也相对缓和。从洪武到宣德（1368～1435）近70年间，国力逐渐强盛。1402年明成祖即位以后，为加强对漠北和东北地区的控制，迁都北京并且派遣郑和下西洋，促进了明朝与周边国家以及非洲地区的交流往来。

　　明朝中期以来，政治和经济都开始走下坡路。从正统到隆庆（1436～1572），社会秩序整体比较稳定，但是，社会矛盾逐步激化，出现宦官干政的情况，内阁权力扩大，政治渐趋衰败，并多次发生农民起义。这一时期，经济继续发展，工商业进步甚至超越了过去任何一个朝代，并且出现资本主义萌芽，社会矛盾尖锐。

　　到了明朝后期，从万历到崇祯（1573～1644）期间，土地兼并高度集中，政治极端腐败，党争异常激烈。张居正的改革虽然在一定程度上缓和了政治经济矛盾，却并没能从根本上挽救明朝危机，最终爆发农民起义。与此同时，东北地区女真族强大起来，威胁到边疆安全，明朝处在内忧外患之中。崇祯皇帝面对内忧外患，举措不得利，最终导致明朝统治被推翻。

　　明代中后期，商品经济发展达到较高水平，但从商品经济功能的角度出发，为扩大再生产服务的商品经济还相当有限，为简单再生产和生活消费服务的商业仍是商品经济形态的主体，商品经济在实现资源配置、协助完成生产过程等方面的作用仍相对弱化。

　　有关明史资料极为丰富，其中最基本的史料是《明实录》《明史》《明史纪事本末》《国榷》《明通鉴》《明会典》等。

草根皇帝

明太祖朱元璋

■名片春秋

朱元璋（1328～1398），原名朱重八，后取名兴宗。濠州钟离（今安徽凤阳）人。明朝开国皇帝。25岁时参加郭子兴领导的红巾军反抗元朝暴政，1361年受封吴国公，1364年自称吴王。1368年，在基本击破各路农民起义军和扫平元的残余势力后，于应天称帝，国号大明，年号洪武，建立了全国统一的封建政权。朱元璋统治时期被称为"洪武之治"。他死后葬于明孝陵，庙号太祖。

■风云往事

◇出身贫寒◇

朱元璋是穷苦百姓出身，处于社会最底层，是继刘邦之后中国历史上又一位平民出身的开国皇帝。童年的朱元璋，以给大户人家放猪放牛为生，吃尽了苦头。1344年，淮北发生了严重的旱灾和虫灾，疾病到处流行。在这场劫难中，朱元璋的父母和长兄都先后病死、饿死。朱元璋靠乡邻的帮助，草草埋葬了亲人之后，孤苦无依的他只好到附近的皇觉寺当

汉高祖刘邦（公元前256~前195），字季（一说原名季），沛郡丰邑中阳里（今江苏丰县）人。平民出身，秦朝时曾担任泗水亭长，起兵于沛（今江苏沛县），称沛公。秦亡后被封为汉王。后于楚汉战争中打败西楚霸王项羽，成为汉朝（西汉）开国皇帝，庙号高祖，谥号为高皇帝，所以史称汉高祖、太祖高皇帝或汉高帝。他对汉民族的统一、中国的统一强大，汉文化的保护发扬做出很大的贡献。

了和尚。朱元璋入寺后不久，就被打发出去，到处乞讨，受尽了风霜之苦；但同时也使他尝尽人间疾苦，开阔了眼界，增长了见识。

◇建立明朝◇

元朝末年，政治越发黑暗腐败，阶级矛盾和民族矛盾日益尖锐。广大人民不堪异族的剥削、压迫和歧视，纷纷拿起武器进行反抗。终于在 1351 年，爆发了韩山童、刘福通领导的元末农民大起义。1352 年，朱元璋回到家乡，接到濠州起义军中同乡汤和的邀请信，就投奔到濠州红巾军郭子兴的队伍。由于他勇武过人，很快就被提拔为亲兵九夫长。不久，他又成为郭子兴的亲信，并娶了郭子兴的养女马秀英为妻。

▲ 明太祖朱元璋马皇后画像

1355 年，郭子兴病逝，朱元璋以左副元帅之职成为这支起义军的实际领袖。他利用元朝军队主力和小明王作战的有利时机，向南面和东南的元军进攻，取得了辉煌战果。他率军打下徽州时，采纳了老儒朱升的献策——"高筑墙、广积粮、缓称王"，命令军队兴修水利，自己动手生产，减轻农民负担，因而兵强粮足。之后，朱元璋又把军事进攻的矛头指向土地肥沃，盛产粮食丝绸的浙江一带，先后占领诸暨、处州，随后孤立的元军据点被一一消灭。朱元璋又适应新的军事形势，对东南政军采取守势，向东北和西面采取攻势的战略，在军事上打开了有利的局面。然后又战鄱阳，取东吴，经过一番南征北战，奠定了统一全国的基础。1368 年，朱元璋称帝，国号大明。

◇休养生息◇

明王朝建立之后，新王朝面临着许多严重的问题。战火摧残的社会经济亟待恢复；农民斗争

▲ 明太祖朱元璋画像

3

▲ 南京紫金山麓明孝陵神路

仍在继续，尖锐的阶级矛盾有待缓和；退居塞北的残元势力企图卷土重来；明政权中由于胜利，争权夺利。这些都阻碍了君主专制中央集权的发展。

为了巩固明王朝的统治，朱元璋从政治、经济、军事等方面做了一系列的整顿和改革，进一步强化了中央集权制度。

1376年，朱元璋废除了元代行省制度，在全国设置了13个承宣布政使司，与都指挥使司、提刑按察使司分管行政、军事和司法。

这三个部门合称"三司"，统属中央省辖。

1380年，朱元璋又以胡惟庸谋反案为由，进一步对中央机构进行整改，废除了中书省和丞相一职，由六部分理政务，听命于皇帝，在政治上加强中央集权；军事上改大都督府为五军都督府，在全国设立卫所制度，将军权也集中于中央；在司法上设立大理寺、都察院、刑部，合称"三法司"，主管刑狱之事。通过这些改革，朱元璋集大权于一身，有利于明初政局的稳定和政权的巩固。

在经济上，鉴于元末农民大起义的历史教训，朱元璋制定了休养生息的政策，积极推行恢复和发展生产的有力措施。他多次减免各地的赋税，大力推行垦荒、屯田的政策，并规定三年免征赋税。这些举措都大大推进了经济恢复的步伐。据统计，明初的 15 年中，新垦田数共 1.8 亿亩，占当时全国可耕地的一半。

此外，朱元璋还十分注重水利工程的兴修和整治。明初共修陂渠、堤岸 5 000 余处，疏浚河道 4 100 余条，开掘堰塘 4.09 万余处。

◇集权统治◇

为加强中央集权统治，朱元璋成立特务机构，派出大量名为"检校"的特务人员，遍布朝野，暗中监视。

1378 年始，朱元璋对中书省采取行动，要铲除朝中握有实权的胡惟庸集团。一天，胡惟庸的儿子骑马在大街上横冲直撞，结果跌落马下，被一辆过路的马车轧死，胡惟庸将马夫抓住，旋即杀死。朱元璋听后大怒。不久，占城贡使到南京进贡，所贡象、马却被赶到皇城门口，守门的太监发现后，报与朱元璋。朱元璋怒不可遏，命令将左丞相胡惟庸和右丞相汪广洋抓进监狱。但是，两丞相不愿承担罪责，便推说接待贡使是礼部的职责，于是，朱元璋便把礼部官员也全部关了起来。两相入狱，御史们理解了皇上的意图，便群起攻击胡惟庸专权结党，史称"占城贡使事件"。受占城贡使事件牵涉而被杀者达 3 万多人，连太师韩国公李善长也难逃其中，全家被杀。

1382 年，朱元璋将禁卫军改为锦衣卫，以监控官员，并授以侦察、缉捕、审判、处罚罪犯等权力，这是一个由皇帝直接掌控、正式的军事特务机构。

▲ 胡惟庸（？～1380），
明朝开国功臣

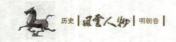

▲ 明太祖朱元璋墨迹

接着，朱元璋又于1393年杀掉功臣蓝玉。蓝玉是明朝开国大将，被朱元璋封为凉国公。1391年，四川建昌发生叛乱，朱元璋命蓝玉讨伐。临行前，朱元璋面授机宜，命蓝玉手下将领退下，连说三次，竟无一人动身。然而蓝玉一挥手，他们却立刻行动起来。这就使朱元璋下决心要除掉蓝玉。1392年的一天，早朝快结束时，锦衣卫指挥使参奏蓝玉谋反，朱元璋随即令人将其拿下，并交刑部审讯。随后，就是大规模的清洗和株连。胡、蓝两案前后共杀4万人。

通过一系列排除异己的斗争，朱元璋建立起了牢固的中央集权统治。

◇打击贪官◇

朱元璋出身寒门，从小饱受元朝贪官祸患之苦，他的父母及长兄就是死于残酷剥削和瘟疫，自己也被逼迫出家当和尚。所以，在他参加起义队伍后就发誓：一旦自己当上皇帝，先杀尽天下贪官。后来他登基皇位后，在全国掀起了轰轰烈烈的贪官整治运动，对象即为那些从中央到地方的各级贪官污吏。

第一，朱元璋对贪污60两银子以上的官员一律格杀勿论。第二，朱元璋发明了"剥皮揎草"的残酷刑法处置贪官。第三，朱元璋对自己培养的干部决不姑息迁就。第四，朱元璋制定整肃贪污的纲领——《大诰》。花费近两年时间编纂的《大诰》一书，是朱元璋亲自审讯和判决一些贪污案例成果的记录，书中还详述了他对贪官的态度、办案方法和处置手段等内容。朱元璋下令全国广泛刊印这本书，还命人节选抄录书中的相关内容贴在路边显眼处和凉亭内，使官员读后能自律，让百姓学后可以监督贪官。

作为开国之君的朱元璋，"人在政举"，借助自己的崇高威望，以极其残酷的法律严惩贪官污吏。其决心之大、力度之强、措施之狠，收到了强烈的震慑效果。从登基到驾崩，朱元璋"杀尽贪官"的运动贯穿始终，从未减弱，但贪污现象始终未被根除，晚年，他也只能发出"如何贪官此锁，不足以杀。早杀晚生"的感叹。

◇紧抓教育◇

朱元璋在创立明王朝的过程中认识到，元朝的灭亡，除了领导者本身腐朽，社会失于教化也是一方面的原因。因此，一登上帝位，他就采取了一系列强制措施，兴建学校，选拔学官，并坚持把"教育工作"作为衡量地方官政绩的重要指标。为了选拔能听命于皇帝的官吏，明朝政府规定科举考试只许在四书五经范围内命题，考生只能根据指定的观点答卷，不准发挥自己的见解。答卷的文体，必须分成八个部分，习称为"八股文"。

八股文

明清科举考试所采用的一种专门文体。又叫制艺、制义、时艺、时文（相对于古文而言）、八比文等。它要求文章必须有四段对偶排比的文字，总共包括破题、承题、起讲、入手、起股、中股、后股、束股八股，所以称八股文。"股"或"比"，都是对偶的意思。

■历史评价■

朱元璋一生勤于政事，事必躬亲，是我国封建社会中鲜见的杰出帝王。他建立了明王朝，为我国民族统一大家庭的发展做出了卓越贡献。但他同历史上的许多皇帝一样，为了巩固其统治，滥杀无辜，屡兴大狱，先后诛杀数万人。人无完人，朱元璋虽勤政，却也有残暴的一面，他一生杀过许多功臣、将领、墨客。

特别要指出的是，朱元璋首倡八股取士，使明代无数知识分子死攻八股，至死不悟，《儒林外史》中描述的范进中举就是最鲜明的写照。八股取士极大地束缚了读书人的头脑，扼杀了无数人的才华。八

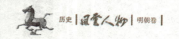

股取士制度传承至清朝，成为束缚人民思想的桎梏。

■大事坐标 |

1328 年	出生。
1363 年	统兵 20 万与陈友谅在鄱阳湖展开决战。
1367 年	打败张士诚。
1368 年	在基本击破各路农民起义军和扫平元的残余势力后，于应天称帝，国号大明，年号洪武。
1380 年	胡惟庸案发，左丞相胡惟庸被诛。罢中书省，分中书省之权归于六部，直接归皇帝掌管。
1382 年	设立锦衣卫，加强明朝特务统治。
1393 年	蓝玉被锦衣卫指挥蒋瓛诬告谋反，史称"蓝玉案"。
1398 年	驾崩于应天皇宫，葬于紫金山孝陵。

■关系图谱 |

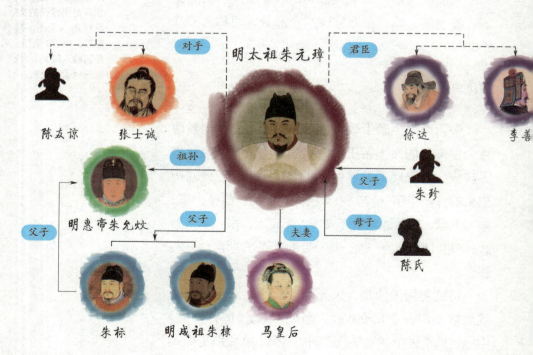

一代雄主

明成祖朱棣

■名片春秋 |

明成祖朱棣（1360～1424），明太祖朱元璋第四子，生于应天，时事征伐，并受封为燕王。明惠帝朱允炆建文时期削藩，朱棣遂起兵攻打侄子建文帝，史称"靖难之役"。朱棣夺位登基，成为明朝第三位皇帝，1402～1424年在位，年号永乐。其在位期间完善明朝政治制度，发展经济，开拓疆域，迁都北京，编修《永乐大典》，派遣郑和下西洋，使明朝国力发展到顶峰，被称为"永乐盛世"。明成祖也被后世称为永乐皇帝或永乐大帝。明成祖驾崩后，庙号太宗，葬于长陵。1538年，明世宗朱厚熜改其庙号为成祖。

■风云往事 |

◇戎马成长◇

明成祖朱棣出生于元末战乱时期。那时群雄并起，互相征伐，而朱元璋与陈友谅正打得不可开交，以至于连给儿子起个名字的工夫都没有。史书记载，朱棣为马皇后嫡生，但也有说他是贵妃所生，关于他的生世有许多的野史和传说，可谓众说纷纭。朱

▲ 明成祖朱棣坐像

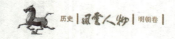

明朝藩王

食粮万石，并有军事指挥权，护卫甲士少者3 000人，多者1.9万人。明朝共封有9位边王（辽、宁、燕、谷、代、晋、秦、庆、肃），因有防御蒙古贵族侵扰的重任，所以护卫甲士尤多。北平的燕王朱棣拥兵10万，大宁的宁王朱权"带甲八万，革车六千"。晋王、燕王多次出塞征战，打败元朝残余势力的军队，尤被重视，军中大将皆受其节制，甚至特诏二王军中小事自断，大事才向朝廷报告。尤其是燕王，由于功绩卓著，朱元璋令其"节制沿边士马"，地位独尊。

▲ 明惠帝朱允炆画像

棣长大后被封为燕王，属地在北平（今北京）。1376年朱元璋将徐达长女册封为燕王妃。燕王是诸王当中势力最强的一个，在抵御蒙古诸部内扰的过程中，他得到了锻炼，展示了他杰出的军事能力，这也为他即帝位奠定了基础。

◇靖难之役◇

朱元璋为了巩固统治，一方面加强君主专制统治，把军政大权牢牢地掌握在皇帝一人手中；另一方面，想方设法加强皇室本身的力量，其具体办法就是分封诸王。洪武晚年，功臣宿将被诛杀殆尽，诸王主掌北方军事，拥兵自重。藩王势力的膨胀构成对中央政权的威胁。1398年，朱元璋去世，朱允炆即帝位，采纳了大臣齐泰、黄子澄的建议，决定先削几个力量较弱的亲王爵位，然后再向力量最大的燕王朱棣开刀，并令诸亲王不得节制文武将吏。皇族内部矛盾由此迅速激化。建文帝命令将臣监视朱棣，并乘机逮捕。朱棣得到这一消息，立即诱杀了前来执行监视逮捕任务的将臣，于1399年起兵反抗朝廷。朱元璋在位时，恐权臣篡权，规定藩王有移兵中央索取奸臣和举兵清君侧的权力，朱棣以此为理由，指齐泰、黄子澄为奸臣，须加诛讨，并称自己的举动为"靖难"，即靖祸难之意。因此，历史上称这场朱明皇室内部的争夺战争为"靖难之役"。

朱棣起兵之初，燕军只据北平一隅之地，势力弱小，朝廷绝对占压倒优势。所以战争初期，朝廷欲以优势兵力分进合击，将燕军围歼于北平。随后，朱棣采取内线作战，迅速扫平了北平的外围，排除了后顾之忧，能从容对付朝廷的问罪之师。但在朱元璋大肆杀戮功臣宿将之后，朝廷也无将可用，朱允炆只好起用年近古稀的幸存老将长兴侯耿炳文为

大将军，率军 13 万伐燕。因耿炳文军改，建
文帝又改任曹国公李景隆为大将军。李景隆本
是纨绔子弟，素不知兵，"寡谋而骄，色厉而馁"。
后李景隆指挥失当，在几个月的时间内一败再
败，建文帝撤免了他的大将军职务。建文帝采
纳黄子澄之谋，派遣使者议和，以求缓攻，并
任命盛庸为平燕将军，替代李景隆之职。

1401 年，战争已经进行了两年，南北交战
主要在河北、山东。燕军虽屡战屡胜，但南军
兵多势盛，攻不胜攻，燕军所克城邑旋得旋失，
不能巩固。能始终据守者，不过北平、保定、
永平三府而已。正在朱棣为此苦恼之际，南
京宫廷里不满建文帝的太监送来了南京城已
空虚宜直取的情报。于是朱棣决定跃过山东，
直捣南京。进抵南京金川门时，守卫金川门的李
景隆和谷王为朱棣开门迎降。燕王进入京城，文
武百官纷纷跪迎道旁，在群臣的拥戴下即皇帝位，
年号永乐。"靖难之役"历时四年，以燕王朱棣的
胜利而告终。

▲ 靖难之役形势示意图

◇大肆杀戮◇

明成祖朱棣在位时注重君主强权。永乐初，曾
先后复周、齐、代、岷诸王旧封，但当其皇位较巩
固之后，又继续实行削藩。他还继续实行朱元璋的
"徙富民"政策，以加强对豪强地主的控制。永乐初
开始设置内阁，选资历较浅的官僚入阁参与机务，
解决了废罢中书省后行政机构空缺的问题。朱棣重
视监察机构的作用，设立分遣御史巡行天下的制度，
鼓励官吏互相举报不端行为。

朱棣上位后，大肆排除异己。方孝孺是建文帝
最亲近的大臣，他也视建文帝为知遇之君，忠心不

▲ 姚广孝（1335～1418），
明初政治家、高僧

11

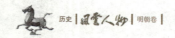
九族

泛指亲属。但"九族"所指，诸说不同。一说是上自高祖、下至玄孙，即玄孙、曾孙、仍孙（古时称从本身下数第八世孙为仍孙）、子、身、父、祖父、曾祖父、高祖父；一说是父族四、母族三、妻族二。父族四指姑之子（姑姑的子女）、姊妹之子（外甥）、女儿之子（外孙）、己之同族（父母、兄弟、姐妹、儿女）；母族三指母之父（外祖父）、母之母（外祖母）、从母子（娘舅）；妻族二指岳父、岳母。

二。朱棣的第一谋士姚广孝曾跪求朱棣不要杀方孝孺，朱棣答应了他。南京陷落后，方孝孺闭门不出，日日为建文帝穿丧服啼哭，朱棣派人强迫他来见自己，方孝孺穿着丧服当庭大哭。要拟即位诏书，大家纷纷推荐方孝孺，明成祖遂命人将其从狱中召来。方孝孺当众号啕，声彻殿庭，朱棣反复规劝，方孝孺就是不肯服从。朱棣气急败坏，恨其嘴硬，叫人将方孝孺的嘴角割开，撕至耳根，并大捕其宗族门生，每抓一人，就带到方孝孺面前，但他根本无动于衷，头都不抬。方孝孺的种种行为彻底惹怒朱棣，他把方孝孺的朋友门生也列作一族，连同宗族合为"十族"，全部凌迟处死！

朱棣夺位后，为巩固自己的政权，发明了瓜蔓抄。因残酷诛戮，妄引株连，如瓜蔓之伸延，故名。杀戮之惨，株连之多，实为史所罕见。明成祖又设立东厂，这是一个缉捕"叛逆"的特务机关，最直接受明成祖指挥，凡事直接向皇帝报告，后统辖权移到宦官手里，权力于锦衣卫之上。

◇永乐盛世◇

朱棣即位之初，对洪武、建文两朝政策进行了某些调整，提出"为治之道在宽猛适中"的原则。他利用科举制度及编修书籍等措施笼络地主阶级和知识分子，宣扬儒家思想，选择官吏力求因材而用，为当时政治、经济、军事、文化等方面的发展奠定了思想和组织基础。

▲ 北京紫禁城

朱棣十分重视经营北方，永乐初年即改北平为北京，并于 1421 年迁都北京，设六部，增设北京周围的卫所，逐渐建立起北方新的政治、军事中心。在东北的女真族地区，设立奴儿干都司。与此同时，争取与蒙古族建立友好关系。鞑靼、瓦剌各部先后接受明政府封号。朱棣为保证北京粮食与各项物资的需要，派人疏浚了会通河，对南北经济文化交流与发展起了重要的作用。在此基础上，明朝对其他边疆地区的统治也得到加强。

朱棣注重社会经济的恢复与发展，认为"家给人足""斯民小康"是天下治平的根本。他大力发展和完善军事屯田制度和盐商开中则例，保证军粮和边饷的供给。派夏原吉治水江南，疏浚吴淞。在中原各地鼓励垦种荒闲田土，实行迁民宽乡、督民耕作等方法以促进生产，并注意灾年赈济等措施，防止农民破产，保证了赋役征派。通过这些措施，永乐时"赋入盈羡"，达到明朝国力纂盛的顶峰。

解缙（1369～1415），字大绅，一字缙绅，号春雨，吉水（今江西吉水）人。明代书法家。永乐初任翰林学士，主持纂修《永乐大典》。解缙善文，有才气，著有《文毅集》《春雨杂述》。

◇纂修大典◇

《永乐大典》是明永乐元年（1403）七月明成祖朱棣命解缙、姚广孝、王景、邹辑等人纂修的大型类书，于 1404 年成书，原名《文献大成》。成祖阅后，以为"所纂尚多未备"，内容过于简单，又于永乐三年敕解缙、姚广孝等人重修，召集朝臣文士、四方 宿学老儒 2 169 人，分任编辑、校订、圈点、绘图等工作，永乐六年完成，改称今名。收入《永乐大典》的图书均未删、未改。《永乐大典》是我国古代编纂的一部大型类书，也是中国古代最大的百科全书，是中华民族珍贵的文化遗产。

全书正文 22 937 卷，目录 60 卷，装成 11 095 册，总字数约 3.7 亿字。书中保存了我国自先秦、宋元

▲ 福建长乐郑和雕像

以后的佚文秘典，下迄明初的各种典籍资料共 8 000余种，可谓"包括宇宙之广大，统会古今之异同"。

◇对外交流◇

为开展对外交流，扩大明朝的影响，从 1405 年起，朱棣派郑和率领船队先后 7 次出使西洋，途径30 余国，实乃明初盛事。永乐时派使臣来朝者亦达30 余国，中亚的帖木儿帝国也与明朝多次互派使者往来。浡泥王和苏禄东王亲自率使臣来中国，不幸病故，分别葬于南京和德州。1406 年，朱棣派遣军队征战安南，次年在此设交趾布政使司。

1424 年，朱棣死于北征回师途中的榆木川（今内蒙古乌珠穆沁），葬于长陵。

■历史评价 ▎

明成祖朱棣曾 5 次北征蒙古，追击蒙古残部，缓解其对明朝的威胁；疏通大运河；迁都并营建北京，作为历史上第一个定都北京的汉人皇帝，奠定了北京此后 500 余年的首都地位；组织学者编撰 3.7 亿字的

▲ 明朝永乐年间货币——永乐通宝

▲ 明十三陵朱棣塑像

▲ 明十三陵之长陵

百科全书《永乐大典》；设立奴儿干都司，以招抚为主要手段管辖东北少数民族。更令他闻名世界的是派遣郑和下西洋，前后 7 次（前 6 次在永乐年间进行，第 7 次下西洋在宣德年间进行），最远到达非洲东海岸，沟通了中国同东南亚和印度洋沿岸国家之间的联系。明成祖可谓功绩累累的一代雄主。他盛精图治，发展经济，提倡文教，使得天下大治，并且宣扬国威，大力开展海外交流，使得人民安居乐业，社会上"路不拾遗，夜不闭户"，从而开创了"永乐盛世"。

■大事坐标 |

1360 年 出生。
1370 年 受封燕王。
1380 年 就藩燕京。
1399 年 以"清君侧之恶"的名义举兵反抗朝廷。
1403 年 命解缙等人编纂《永乐大典》。
1405 年 派郑和率领船队出使西洋。
1420 年 设立"东缉事厂"，简称"东厂"。
1421 年 迁都北京，以南京为留都。
1424 年 死于北征回师途中的榆木川，葬于长陵。

■关系图谱 |

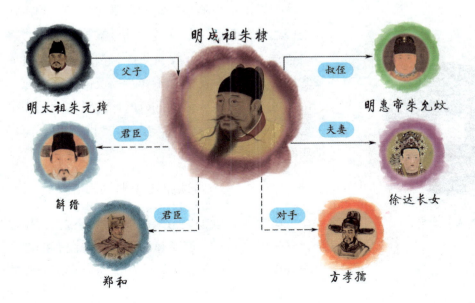

无力回天

明思宗朱由检

■名片春秋 |

明思宗朱由检（1611～1644），明光宗朱常洛第五子，明熹宗朱由校弟。1622年被册封为信王。明熹宗于1627年病故后，由于没有子嗣，朱由检受遗命继承皇位，次年改年号"崇祯"。1644年，李自成起义军攻破北京后自缢，葬于思陵。

■风云往事 |

　　明思宗朱由检是明光宗朱常洛之子、明熹宗朱由校之弟，明朝末代皇帝，幼年被封为信王。熹宗皇帝驾崩之后，由于没有子嗣，按照古代兄终弟及的说法，信王坐上了本不属于自己的皇帝宝座。皇帝之位本来是人人向往的，但是此时的大明江山已是千疮百孔，病入膏肓，虽然有明君能臣，可仍改变不了国家渐衰之势。

◇诛杀魏忠贤◇

　　1627年，崇祯皇帝朱由检即位，对宦官魏忠贤专权深感厌恶。正值巅峰的魏忠贤并没有把这个孩子放在眼里，认为他不过是和他哥哥熹宗一样的年

▲ 崇祯通宝

轻后生，不会有多大的作为，于是更加猖獗，甚至要求各地为他建立生祠，罪恶已经昭然于世。于是思宗采取了第一个措施，把熹宗宠信的乳母客氏赶出皇宫。随后，弹劾魏忠贤和魏党的奏疏突然出现。于是魏忠贤被免去司礼监和东厂的职务，谪发凤阳守祖陵。这个试探性的决定，并没有引起大的反对。于是朱由检命人抓捕魏忠贤，逼其自杀。

◇ **边防告急** ◇

明朝末年，其最大的敌人是东北的后金，即后来的清朝政权。此时，清太祖努尔哈赤已经去世，太宗皇太极在位。双方多次爆发战争，而战争的结果多是以明军的溃败告终，偌大的一个朝堂上竟找不出一个像样的元帅。崇祯皇帝对此当然不甘心，于是他想到了袁崇焕，这个被百姓称为"袁长城"的人物。当初在宁远城用大炮打伤清太祖努尔哈赤的，就是这个袁崇焕。由于阉党的迫害，他被迫离职，这次被崇祯皇帝重新起用，自然踌躇满志，希望通过自己的努力，恢复大明的失地。一经上任，袁崇焕就把东北的防务布置得井井有条，使后金不敢觊觎宁锦一线。

但袁崇焕的敌人毕竟是蒸蒸日上的后金政权，以多谋善断的皇太极为首，更重要的是，袁崇焕的主子是崇祯皇帝。崇祯皇帝的多疑注定了袁崇焕一生不得施展其雄才大略。可悲的是，皇太极略施小计，他就冤死狱中。

皇太极绕过山海关，从京畿的北面越过长城，

▲ 魏忠贤（1568~1627），明朝末期宦官

爱新觉罗·努尔哈赤（1559~1626），后金政权的建立者，为后金首位可汗。其子爱新觉罗·皇太极称帝建立清朝后追尊努尔哈赤为太祖高皇帝。

威胁北京，袁崇焕率部回京勤王。

正当袁崇焕部下到北京城的时候，清军突然出现了，给崇祯帝造成了假象，是袁崇焕引清军来攻城的。因此，城上的守军坚决不准城外的部队进城，千里奔袭而来的袁军此刻已是筋疲力尽，既不能进城休整，又要面对强大的清军，但是袁军还是成功地打退了清军的进攻。当夜，皇太极派手下心腹将领在明军俘虏面前大肆宣扬如何与袁崇焕约定献城投降，而后故意放俘虏逃跑。

俘虏怎知是反间计，回城后一五一十地向崇祯皇帝做了汇报。本就多疑的崇祯帝将几件事联系到一起，便认定袁崇焕必是汉奸无疑，于是将袁崇焕诓进城内，打入大牢，并于数月后凌迟处死。从此，明朝失去了唯一的东北屏障，八旗军队得以驰骋华北大地，如入无人之境。

▲ 广东东莞袁崇焕纪念园内袁崇焕雕塑

◇内忧不断◇

明朝末年，出现了三政权并立的局面：一是北京以崇祯帝为首的明政权；二是沈阳以皇太极为首的清政权（1636年，皇太极改国号为清，改元崇德）；三是西北以李自成为首的大顺政权。

李自成以农民军起家，原为老闯王高迎祥手下将领，后被推为王。明军对农民军战绩要远远好于对清军的战绩，明军的将帅如洪承畴、陈奇瑜、孙传庭、卢象升、熊文灿都有对农民军的辉煌胜利。不是没有可能扑灭农民军的星星之火，但就是崇祯皇帝的性急，在关键时刻拯救了农民军——明军将帅稍有败绩，非死即贬，明朝的栋梁之材损失殆尽，陈奇瑜被贬，熊文灿被斩，孙传庭入狱，一个个将星的陨落，注定了明朝的灭亡。

李自成曾被熊文灿追得无处藏身，被迫躲进了商洛山中，当李自成再一次从山中走出来的时候，熊文灿已经成了冤死之鬼。李自成再次组成了自己的军队，吸收了李岩、宋献策、牛金星等知识分子，洗去了农民军的匪气，而以一股天将降大任于斯人的气势，向紫禁城中的蟠龙宝座发起进攻。

李自成率农民军占洛阳，斩福王朱常洵，破襄阳，取武昌，一路奏凯，并在西安正式称帝，国号大顺。称帝之后，李自成一路东进，仅在宁武受到沉重打击，其他重镇如宣大等，均传檄而定。1644 年起义军焚烧了昌平明 12 座皇陵，包围了北京城。

◇饮恨煤山◇

1644 年，明王朝面临灭顶之灾。明军在与农民起义军和清军的两线战斗中屡战屡败，已完全丧失战斗力。三月十七日，农民起义军围攻北京城。十八日晚，朱由检与贴身太监王承恩登上煤山（也称万寿山，今景山），远望着城外和彰义门一带的连天烽火，只是哀声长叹，徘徊无语。朱由检回宫后写下诏书，命成国公朱纯臣统领诸军辅助太子朱慈良。又命周皇后、袁贵妃和三个儿子入宫，简单叮嘱了儿子们几句，命太监将他们分别送往外戚家避藏。他又哭着对周皇后说："你是国母，理应殉国。"周皇后也哭着说："君要臣妾死，臣妾不得不死。"说完解带自缢而亡。朱由检转身对袁贵妃说："你也随皇后去吧！"袁贵妃哭着拜别，也自缢。朱由检忙又召来 15 岁的长公主，流着泪说："你为什么要降生到帝王家来啊！"说完左袖遮脸，右手拔出刀来砍中了她的左臂，又砍断她的右肩，使她昏倒在地。接着，崇祯又杀了幼女昭仁公主及几个嫔妃。崇祯换上了便服，准备出城。他混在太监中出东华门，至朝阳门，假言王太监奉命出城，但守门的人要天

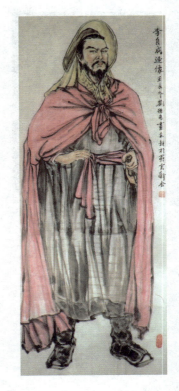

▲ 李自成（1606~1645），明末农民起义军领袖

福王朱常洵（1586~1641），亦称福恭王，为老福王。明神宗第三子，南明弘光帝朱由崧之父。因为朱常洵是明神宗最宠爱的郑贵妃所生，明神宗想立其为太子，众大臣极力反对。最后神宗让步，立皇长子朱常洛为太子，朱常洵为福王。福王被赐予庄田 2 万顷，盐引千计。崇祯间，益沉湎酒色。1641 年李自成攻克洛阳，被斩杀。

▲ 北京景山公园内
明思宗殉国处石碑

南明（1644~1683）

明朝灭亡后，明宗室先后在南方建立的一些地区性政权的统称。包括弘光政权、隆武政权、鲁王监国、绍武政权及永历政权。

亮时验明再出。太监夺门又不成，便忙派人到负责城守的成国公朱纯臣家，朱家人说朱赴宴未归。崇祯帝赶到安定门，可是门闸太重，无法打开。就这样，崇祯的求生之路被彻底截断了。

十九日黎明，太监王相尧于宣武门投降，大顺军将领刘宗敏的军队浩浩荡荡开入城中，守卫正阳门的兵部尚书张缙帝、朝阳门的朱纯臣也先后开门迎降，北京内城被攻陷。崇祯帝得知这个消息，亲自在前殿鸣钟召集百官，可是钟声再响也没召来一人。于是，他与太监王承恩登上了煤山寿皇亭，这里曾是崇祯帝检阅内操之处，可如今成了他要去面见列祖列宗的地方。山穷水尽的崇祯帝脱下皇袍，在衣襟上愤然留下了这样的话："朕凉德藐躬，上干天咎，致逆贼直逼京师，皆诸臣误朕。朕死，无面目见祖宗，自去冠冕，以发覆面。任贼分裂，无伤百姓一人。"然后依其所言，与王承恩相对而缢。两天后，人们才发现这个僵死的国君。显贵一生的崇祯帝与周皇后死后却被草草葬入田贵妃墓穴中。

明朝告亡之后，明朝残余势力建立南明政权。

■ **历史评价 I**

崇祯帝性格非常无常，在灭掉魏忠贤时，崇祯帝表现得极为机智，但在处理袁崇焕一事上，却又表现得相当愚蠢。如学者所言："在思宗身上，机智和愚蠢，胆略与刚愎，高招与昏招，兼而有之。"《明史》说他："性多疑而任察，好刚而尚气。任察则苛刻寡恩，尚气则急遽失措。"

由于较之前任的明神宗、明熹宗，甚至明朝中后期的多数皇帝，崇祯帝治国救国的责任感与雄心要强得多，故史家对其普遍抱有同情之心，以为崇祯帝的一生实是"不是亡国之君的亡国悲剧"。清朝编纂的《明史》依旧承认他兢兢业业，勤勉勤俭。崇祯帝的一生可以说充满了悲剧色彩，他拥有较强的政治手腕，心思缜密，果断干练，并且精力充沛，几乎拥有历史上所有明君的特征。后人对崇祯帝的是非功过充满争议，作为中国历史上最具悲剧色彩的皇帝之一，"无力回天"这四个字，也许是对崇祯帝一生最恰当的概括。

　　崇祯皇帝宁可煤山自尽，也没有把宁远铁骑调进中原攻打李自成，遵守了自朱棣起历代明代帝王对臣民们的承诺——"天子守国门，君王死社稷"！

■大事坐标 ┃

1611 年	出生。
1622 年	被封为信王。
1627 年	即皇位。
1628 年	改元崇祯。戮魏忠贤及其党崔呈秀。此后将阉党 260 余人或处死，或发配，或终身禁锢。
1630 年	袁崇焕被处死。
1644 年	正月初一，李自成在西安称王，国号"大顺"。
	三月，李自成农民军攻陷北京城，崇祯在煤山自缢身亡。

■关系图谱 ┃

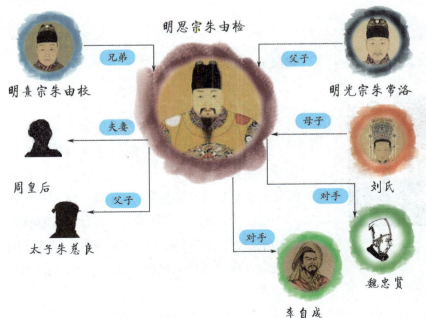

神机军师

刘基

■名片春秋 |

刘基（1311～1375），字伯温，谥曰文成，青田县南田乡（今浙江青田）人，故时人称他刘青田。1370 年封诚意伯，人们又称他刘诚意。1513 年加赠太师，谥文成，后人又称他刘文成、文成公。元末明初军事家、政治家及诗人，通经史，晓天文，精兵法。他以辅佐朱元璋完成帝业、开创明朝并尽力保持国家的安定而驰名天下，被后人比作诸葛武侯。朱元璋多次称刘基为"吾之子房也"。在文学史上，刘基与宋濂、高启并称"明初诗文三大家"。

▲ 浙江文成刘基故居

■风云往事 |

◇聪慧好学◇

刘基自幼好学敏求，聪慧过人，在父亲启蒙下识字，据说读书可以一目十行。12 岁考中秀才，乡间父老皆称其为"神童"。1324 年，14 岁的刘基入郡庠（即府学）读书。他从师习《春秋》。《春秋》是一部隐晦奥涩、言简义深的儒家经典，很难读懂，尤其初学，童生一般只是捧书诵读，不知道其中意思。

刘基却不同，他不仅默读两遍便能背诵如流，而且还能根据文义发表自己的看法。老师见比大为惊讶，以为他曾经读过，便又试了其他几段文字，刘基都能过目而识其要。老师十分赞赏，暗中称道："真是奇才，将来一定不是个平常之辈！"一部《春秋》，刘基没花多少工夫就学完了。1327 年，刘基离开府学，师从处州名士郑复初学周（周敦颐）程（程颢、程颐）理学，接受儒家通经致用的教育。郑复初在一次拜访中对刘基的父亲说："您的祖先积德深厚，庇荫了后代子孙。这个孩子如此出众，将来一定能光大你家的门楣。"刘基博览群书，诸子百家无一不窥，对天文地理、兵法数学更有特殊爱好，经常潜心钻研揣摩。有一次，他在一家书屋看到一本天文书，便爱不释手，一口气读完了此书。第二天他竟能从头至尾背诵如流。店主人知后十分惊奇，要把这部天文书送给他。刘基说："这部书已装在我胸中，书对我已经没有用了。"刘基的虚心好学和出众才智，不仅使他学习和掌握了丰富的知识，而且使他年轻时就声名远扬，大家都说他有诸葛孔明（三国·蜀）、魏徵（唐）之才。1333 年，刘基参加科举考试，一举功成，从此便开始了他的仕途生涯。

◇仕途坎坷◇

14 世纪中期的元朝渐趋衰败之势。元王朝建立半个世纪以来，用极端野蛮落后的方式统治中国，对广大人民进行了无情的屠杀与残酷的剥削，人民再也无法生活下去了。于是中国大地上到处出现农民起义与暴动，元王朝岌岌可危。一面是贪婪昏聩、醉生梦死；一面是水深火热、揭竿而起。在这样的情势下，刘基步入宦途，情势迫使他要么与元朝统治阶级合作，沆瀣一气，最后同归于尽；要么反其道而行之，

理学

宋明时期的唯心主义哲学思想，又称道学。包括以周敦颐、程颢、程颐、朱熹为代表的客观唯心主义和以陆九渊、王守仁为代表的主观唯心主义。它产生于北宋，盛行于南宋与元、明时代，清中期以后逐渐衰落，但其影响一直延续到近代。

▲ 浙江文成刘基故居内刘基塑像

▲ 湖北仙桃沔阳古城遗址内陈友谅故居陈友谅塑像

站在人民一边，共同埋葬贪婪残暴的元王朝。作为一个崇尚气节和有正义感的知识分子，刘基选择了后者，尽管此路布满了荆棘。刘基考中进士后，在家闲居三年，1336 年才被元朝政府授为江西高安县丞。作为天子门生，他依然感激元朝皇帝赐给他施展才华的机会，以实现自幼立下的宏图大志。所以他一出仕就抱定要用自己的全部才华和忠诚，去干一番大事业。 县丞虽然是个辅佐县令的小官，刘基并没有因为位卑职微而敷衍塞责，他勤于职守，执法严明，很快就做出了政绩。他深入乡间，体察民情，发现高安县一些豪绅地主勾结贪官污吏，无法无天，无恶不作。刘基倾听百姓的哭诉后，义愤填膺，决心为民除害。经过明察暗访，掌握了真凭实据后，对几个劣迹昭著的豪强恶霸，予以严惩，并对县衙内贪赃枉法的官吏也进行了整治，高安县的社会风气很快就有了好转。刘基刚正不阿，一身正气赢得了百姓的赞誉。刘基在任的五年内，处理地方事务的原则是"严而有惠爱"，既体恤民情，又不宽宥违法的行为；对于发奸摘（tī）伏，更是不避强权，因此受到当地百姓的爱戴。但因为他为人正直，地方土豪对他总是恨之入骨，总想寻些事端陷害他，幸得长官及部属信任他的为人，才免于祸患。

◇ 辅明开国 ◇

1360 年，刘基被朱元璋请至应天任谋臣。刘基针对当时形势，向朱元璋提

▲ 张士诚（1321~1367），元末江浙一带武装割据首领

出避免两线作战，各个击破的建议，被采纳。他辅佐朱元璋集中兵力先后灭掉陈友谅、张士诚等势力，并建议朱元璋一方面脱离"小明王"韩林儿自立势力，另一方面以"大明"为国号来招揽天下义师。1367年，刘基参与制定朱元璋的灭元方略，并辅以实施。他共参与军机八年，筹划全局。1370年，为嘉勉刘基的功荣，朱元璋授命刘基为弘文馆学士。后来朱元璋大封功臣，本想封刘基为丞相，但刘基一再推脱，只好作罢。这并不是刘基客气，而是他明白自己的正直会遭到同僚的排挤，因此申请还乡。朱元璋授命他为开国翊运守正文臣、资善大夫、上护军，并封为诚意伯。刘基对明朝立有汗马功劳，但每年俸禄却很少。

◇民间神人◇

民间有军师刘基知"前世今生"之说。相传，刘基本是玉帝身前一位天神，元末明初，天下大乱，战火不断，饥荒遍地。玉帝令刘基转世辅佐明君，以定天下，造福苍生，并赐斩仙剑，号令四海龙王，但龙王年老体弱，事务繁多，因此派出了自己的九个儿子。龙九子个个法力无边，神通广大。他们跟随刘基征战多年，为朱元璋打下了大明江山，又助朱棣夺得了皇位。当它们功德圆满将要回天之际，贪婪的帝王却想把它们留在身边，以巩固自己的社稷。于是他便借修筑紫禁城为名，拿了刘基的斩仙剑号令龙九子。但龙九子仍是神兽，顿时呼风唤雨，大发雷霆。朱棣见斩仙剑镇不住龙九子，便决定用计，他对龙九子老大赑屃说："你力大无穷，能驮万斤之物，如果你能驮走这块先祖的神功圣德碑，我就放你们走。"赑屃一看原来是一块小小的石碑，便毫不犹豫地驮在了身上，但用尽法力却寸步难行。神功圣德碑乃记载"真龙天子"生前一世所做功德之用，又有两代帝王的玉玺印章，能镇四方神鬼。其他龙

▲ 浙江文成刘基庙

▲ 浙江文成刘基墓

八子眼看大哥被压在碑下，不忍离去，便决定一起留在人间，但发誓永不现真身。朱棣虽然留住了龙九子，但得到的却仅仅是九个塑像般的神兽。刘基得知此事后，也弃朱棣而去，脱离肉身返回天廷。朱棣事后追悔莫及，便让它们各司一职，以警世人。

■ 历史评价 ┃

刘基的伟大功绩在于他能看透时势，辅佐朱元璋成就大业，造福百姓。他帮助国主朱元璋废小明王而自立，协助他制订"征讨大计"。在重大战役中，或运筹帷幄，或亲临前线指挥战斗。刘基因谙韬略，通天文地理，故往往"遇急难，勇气奋发，计划立定，人莫能测"。洪武开国以后，刘基奏立《军卫法》，提出"宽以待民与严惩贪吏"的主张，肃纲纪，整吏治，严惩贪枉。他临终前拟遗嘱托次子刘璟，待胡惟庸败后上奏朱元璋："夫为政宽猛如循环，当今之务在修德省刑，祈天永命，诸形胜要害之地，宜与京师声势联络。"刘基在政治、军事、地理、文学等多方面都有很深的造诣。主要著作有《郁离子》《覆瓿集》《写情集》《犁眉公集》《春秋明经》。另著有《百战奇略》《时务一八策》、《火龙神器阵法》，后人合编《诚意伯文集》20卷。

蔡元培称他："时势造英雄，帷幄奇谋，功冠有明一代。"日本学者奥野纯评价他："际会风云，平定海宇，既辟一代之规模，又阐一代之文章，盖诚意伯刘公一人而已矣。"民谚有云："三分天下诸葛亮，一统江山刘伯温；前节军事诸葛亮，后世军事刘伯温。"

■大事坐标┃

1311 年　出生。

1333 年　赴元朝京城大都参加会试，一举考中进士。

1336 年　担任江西瑞州府高安县的县丞。

1360 年　被朱元璋请至应天，任谋臣。

1370 年　为嘉勉功荣，授为弘文馆学士。

1375 年　卒于故里。

1513 年　被朝廷追赠为太师，谥号文成。

1531 年　因刑部郎中李瑜的建言，决议配享太庙。

■关系图谱┃

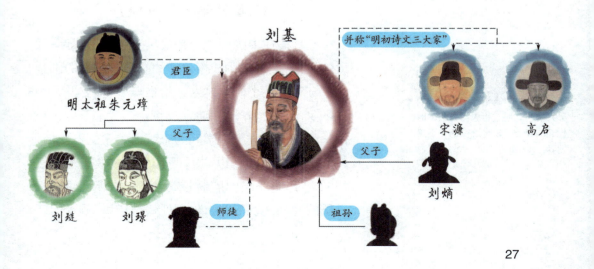

孤忠赴难

方孝孺

■ 名片春秋 I

方孝孺（1357 ~ 1402），浙江定海人，字希直，一字希古，号逊志。明代大臣，著名学者、文学家、散文家、思想家，曾以"逊志"名其书斋，蜀献王替他改为"正学"，因此世称"正学先生"。福王时追谥文正。在"靖难之役"期间，他拒绝为篡位的燕王朱棣草拟即位诏书，刚直不屈，孤忠赴难，被诛十族。

■ 风云往事 I

◇姚广孝美誉 "读书种子"◇

方孝孺在中国历史上是最早会读书、善读书的大儒。这一美誉是明成祖朱棣的高参姚广孝的创意。

方孝孺从小机敏过人，是难得一见的神童。15岁随父兄北上济宁，励志攻读。方孝孺曾跟随宋濂学习，他的文章、学问为宋濂诸弟子之冠。但他轻文艺，重教化，以"明王道、致太平"为己任。1392年，他任汉中府教授，当时，蜀献王聘他为世子的老师。明惠帝时，他担任翰林侍讲，颇受信任，

姚广孝（1335 ~ 1418），元末明初政治家、高僧，出自显赫的吴兴姚氏。明成祖朱棣自燕王时代起的谋士、靖难之役的主要策划者。

凡大政多所咨询，而《太祖实录》及《类要》等书也皆由他总裁。建文年间（1399～1402），他担任建文帝的老师，主持京试，推行新政。

因为姚广孝了解方孝孺，所以曾求过皇帝，免其死罪，否则天下读书种子绝矣。《明史·方孝孺列传》记载："成祖发北平，姚广孝以孝孺为托，曰：'城下之日，彼必不降，幸勿杀之。杀孝孺，天下读书种子绝矣。'"

朱棣当初是应允的，但在大殿上由于方孝孺的极不配合，使得嗜杀成性的朱棣最终违背了诺言，残暴地灭了方孝孺的十族。

▲ 江苏南京花台方孝孺墓前碑

◇ 暴君朱棣"灭十族" ◇

历史上只有"灭九族"的酷刑，有史以来，"灭十族"的唯方孝孺一人。朱棣篡位后，请"读书种子"、第一大儒方孝孺为他起草登基诏书，自然被思想正统、极端忠于前朝的方孝孺所拒绝。方孝孺投笔于地，且哭且骂说："死就死了，但是诏书绝对不可以写。"因为有求于方孝孺，当方孝孺批驳朱棣将篡位辩解为"法周公辅成王"时，朱棣还是保持耐性说这是皇室家事，意为让方孝孺回避。偏偏忠贞的方孝孺顶真到底，宁死不屈，使得暴君露出了本性。

也许是《明史》主编张廷玉等人对暴君朱棣有恻隐之心，《明史·方孝孺列传》只是说他被凌迟磔杀，并未记载被灭十族，株连坐死人 873 人（一作 847 人）等字眼，但明崇祯《宁海县志·方孝孺传》、明末乡贤大家黄宗羲的《方正学孝孺》《文正方正学先生孝孺》等大量文献都记载他被灭了十族。除了死去的八百多冤魂，更有数千人被流放、充军，其中不少被折磨致死。"灭十族"是永乐皇帝朱棣

张廷玉（1672~1755），字衡臣，号研斋，安徽桐城人。清朝保和殿大学士、吏部尚书、军机大臣、太保，封三等伯。曾参与编纂《平定朔北方略》《御选咏物诗》，并充《明史》《大清会典》等总纂官。

的创举，人们在惋惜方孝孺忠贞的同时，更应谴责朱棣的残暴。朱棣还是爱憎分明的，虽对敌人残暴，但对爱戴他的百姓却很宽容。

◇人生败笔◇

明惠帝朱允炆建文初年，方孝孺任翰林侍讲学士，又职"文渊阁"，是建文帝的重要谋臣。朱棣"靖难"之时，方孝孺自然愤慨，"诏檄皆出其手"，以他之文采，写这种文章，一定是非常精彩的。但是，他在处理朱棣叛乱的过程中却有着极大的失误。儒家知识分子遇事犹豫、当断不断的毛病，显露无遗。

1399 年，燕王反叛之时，建文帝和方孝孺等人并没有将朱棣放在眼里。以为燕王一隅之兵，要翻天是件天大的难事。善良而又有点迂腐的建文帝朱允炆甚至还给手下授了一道奇特的"勿使朕有杀叔父之名"的口谕，不准任何人伤害他的叔父朱棣，以免让他承受杀叔父的罪名。正是这道口谕，使燕王朱棣在四年的"靖难之役"中，才敢于亲冒矢石，在两军阵前纵横驰骋而毫发无损。联想到建文初年，建文帝本可以有扣压朱棣之子的机会，他却选择放虎归山，为以后朱棣谋反埋下隐患。二是方孝孺向建文帝推荐了平叛的统帅，他的好友李文忠之子李景隆。正是这个李景隆，既打了败仗，又打开金川门迎贼。在此之前，已有人向建文帝报告李景隆有

▲ 明惠帝朱允炆像

异志，但"帝雅信孝孺，遂不复疑，坐成开门之变，盖不免于误国云"（明姜清《姜氏秘史》）。等方孝孺察觉李景隆之异常时，一切已为时已晚。

◇ "台州式的硬气" ◇

这个称号是现代文豪鲁迅的创意，他在纪念"左联"五烈士的著名散文《为了忘却的纪念》一文中，将柔石与方孝孺相提并论为"台州式的硬气"。

▲ 李景隆与妻子袁氏画像

古代宁海隶属台州，这一点评颇为经典。方孝孺是封建皇族内部争斗的牺牲品，其愚忠虽不足为取，但其宁为玉碎不为瓦全的气节值得后人敬仰。当代宁海人、台州人都非常认同并赞赏这一评论，宁海还将其中的硬气评选为宁海精神之一。

■历史评价 |

方孝孺是明代著名思想家，是当时有名的大儒。方孝孺曾师从宋濂，学问为宋濂诸弟子之冠。蜀献王聘他为世子的老师，惠帝时任翰林侍讲，颇受信任，凡大政多所咨询他。方孝孺主张作文要"神会于心"，反对摹拟剽窃，其文风豪放雄健。他的文采在当时自成一格，修《太祖实录》及《类要》诸书。他不畏强权，以身赴死的风节值得我们敬仰。但是他的某些做法在现在看来是迂腐的。后人对方孝孺的评价极高，明代著名戏剧家汤显祖称其"天地正气"；黄宗羲说他是"有明诸儒之首"；胡适说他是"为殉道之了不起的人物"；郭沫若则说他"骨鲠千秋"。观方孝孺一生，其可敬可叹之处甚多，然而，其"骨鲠之士"美名之余，亦透出儒家理学之士的迂腐

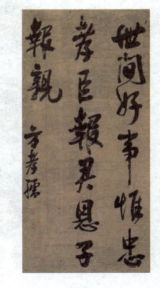

▲ 方孝孺书法立轴

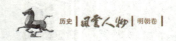

和固执之处。这也许是导致他悲剧人生的原因吧。方孝孺一生有诸多可取
之处，却也有不明智之时，应辩证地看待。

■大事坐标 |

1357 年　出生。
1392 年　任从九品官员。
1398 年　任正六品翰林侍讲。
1399 年　任从五品侍讲学士。
1399 ~
1400 年　担任建文帝的老师，主持京试，推行新政。
1400 年　升任正五品文学博士。
1402 年　为朱棣所杀。

■关系图谱 |

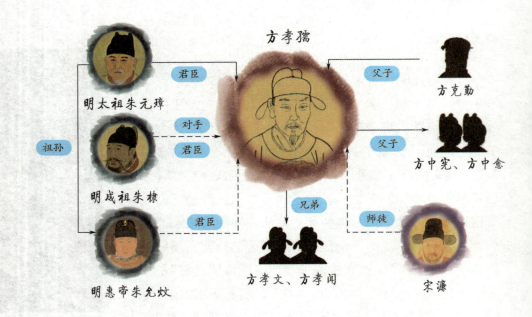

傲雪青草

海瑞

■名片春秋 I

海瑞（1514～1587），字汝贤，号刚峰，广东琼山（今属海南）人。明朝著名清官，后人称其为"海青天"，与宋代包拯齐名。历任知县、州判官、尚书丞、右佥都御史等职，为政清廉，洁身自爱，正直刚毅，从不谄媚逢迎，忠心耿耿，直言敢谏。海瑞一生清贫，抑制豪强，安抚穷困百姓，打击奸臣污吏，因而深得民众爱戴。他的生平事迹在民间广泛流传，成为许多戏曲节目的重要内容。1587年病逝，皇帝赐谥号忠介。

■风云往事 I

◇巧治暴徒◇

明朝嘉靖年间（1522～1566），社会风气极其腐败。高官经过州县，不仅要盛情招待，还要备齐厚礼。这样的风气蔓延开来，连一些公子衙内路过，地方也要隆重接待。一天，总督胡宗宪的儿子带着一队人马来到淳安。驿站官员不知道来者是谁，接待上稍有怠慢，就惹得胡公子大怒，当场命令家丁把驿吏五花大绑吊在树上，用皮鞭狠狠抽打。淳安

▲ 海南海口海瑞石像

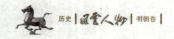

胡宗宪（1512~1565），字汝贞，号梅林，徽州绩溪（今属安徽）人，官拜兵部尚书，衔任浙江、福建总督，抗倭名将。后受冤瘐死狱中，1572年得以昭雪，并因平倭功勋入国史，《明史》有传。

知县海瑞听说后，马上赶到驿站，见光天化日之下竟有如此无法无天之举，顿时义愤填膺。海瑞命人将胡公子捉下，驱逐出境，并把他沿途勒索的金银财物统统充公。事后，海瑞马上给胡宗宪修书一封，一本正经地禀告说："有人自称胡家公子沿途仗势欺民。海瑞想胡公必无此子，显系假冒。为免其败坏总督清名，我已没收其金银，并将之驱逐出境。"胡宗宪是一代抗倭名将，收到信后并未怪罪海瑞。

海瑞一生刚正不阿，深受百姓爱戴，流传千古。

◇ "笔架博士" ◇

海瑞有一雅号，叫"笔架博士"，之所以得此雅号，与他刚正不阿的性格分不开。

延平府的督学官到南平县（今福建南平）视察工作，海瑞和另外两名教官前去迎见。在当时的官场上，下级迎接上级一般都是行跪拜礼的。因此，随行的两位教官都跪地相迎，可海瑞却一直站着，只行抱拳之礼，三人的姿势俨然一个笔架。这位督学官大为震怒，训斥海瑞不懂礼节。海瑞不卑不亢地说："按大明律法，我堂堂学官，为人师表，对您不能行跪拜大礼。"这位督学官虽然怒发冲冠，却拿海瑞毫无办法。海瑞由此得以"笔架博士"的雅号。

◇ 敢于进谏 ◇

明世宗朱厚熜执政多年后，对政务逐渐有所懈怠，懒于处理朝廷政务，沉迷于设坛求福。总督、巡抚等边关大吏争着向皇帝贡献有祥瑞征兆的物品，礼官总是上表致贺。朝廷大臣自杨最、杨爵获罪以后，无人敢谈时政。海瑞对此十分不满，于1566年单独上疏，将嘉靖皇帝所犯的错误全部细数了出来。他事先准备好了自己的后事，并为家人做了妥善的安排。

嘉靖皇帝读了海瑞上书，十分愤怒，把上书扔在地上，对左右说："快把他逮起来，不要让他跑掉。"宦官黄锦在旁边说："这个人向来有傻名。听说他上书时，自己知道冒犯该死，买了一个棺材，和妻子诀别，在朝廷听候治罪，奴仆们也四处奔散没有留下来的，他是不会逃跑的。"皇帝听了默默无言，反复读海瑞的上书。他曾将海瑞堪比比干。当时正遇上嘉靖有病，心情郁闷，召来阁臣徐阶议论禅让帝位给皇太子的事，便说："海瑞所说的都对。朕现在病了很长时间，怎能临朝听政。"又说："朕确实不自谨，导致现在身体多病。如果朕能够在偏殿议政，岂能遭受海瑞的责备辱骂呢？"遂逮捕海瑞，并关进诏狱，追究主使之人。直到嘉靖皇帝驾崩，明穆宗继位之后，海瑞才得以释放出狱。

▲ 明世宗朱厚熜画像

◇备受排挤◇

海瑞虽然受到百姓爱戴，性格刚正不阿，敢于进谏，但在仕途之路上并不得意，备受排挤。

海瑞身处明朝后期，当时的官场弊病重重，腐败严重。很多官员不敢推荐海瑞，害怕正直的海瑞会打乱官场秩序，为自己引来杀身之祸。张居正主持国政时，有一次他的儿子在海瑞的家乡参加科举考试，海瑞听说后立刻给考官送信，告诫他不要造假，果然张居正儿子就没有考上。为此张居正很生气，官员也就更不敢推荐海瑞了。有一次皇帝向海

徐阶（1503~1583），字子升，号少湖，明松江府华亭县人。曾密疏揭发咸宁侯仇鸾的罪行，且擅写青词为嘉靖帝所信任。和严嵩一起在朝十余年，谨慎以待；又善于迎合帝意，故能久安于位。

瑞询问惩治腐败的办法，海瑞向皇帝提议学习明太祖朱元璋剥皮揎草的办法来打击腐败。此提议一出，就遭到官员的反对，最终皇帝也未实行。海瑞从官之路并不顺畅，备受排挤，于1587年死于任上。海瑞死后，被赐谥号忠介。出殡时，全城的百姓都赶来送葬。

▲ 张居正（1525~1582），明代政治家、改革家

◇廉洁奉公◇

海瑞任淳安知县时生活十分俭朴，身上穿是布袍，吃自己动手加工的糙米，家里也是吃老仆种的蔬菜。一次，海瑞寡母生辰，也只买两斤猪肉。当时，浙江总督胡宗宪对此十分钦佩，对人说："昨闻海公为母寿，市肉二斤矣！"

海瑞临死前都还在想着自己欠户部的柴火钱，由此可见其正直。海瑞没有儿子，去世时，南京都察院金都御史王用汲去照顾海瑞，只见用布制成的帏帐和破烂的竹器，有些是贫寒的文人也不愿使用的，因而禁不住哭起来，凑钱为海瑞办理丧事。海瑞的死讯传出，南京的百姓罢市纪念。海瑞的灵柩用船送回家乡时，两岸站满穿孝服祭奠哭拜之人，绵延百里。

■历史评价▌

海瑞一生清廉，虽深受百姓爱戴，却也遭同僚憎恨。他在南京当吏部尚书时就被民众称赞，人们甚至拿他的画像当门神。据说听到他去世的噩耗时，当地的百姓如失亲人，悲

▲ 海南海口西郊滨涯村海瑞墓

痛万分。当他的灵柩从南京水路运回故乡时，长江两岸站满了送行的人群。很多百姓甚至制作他的遗像，在家里供奉。关于他的故事民间更广为流传。后经文人墨客加工整理，编成了著名的长篇公案小说《海公大红袍》和《海公小红袍》，还编成戏剧《海瑞》《海瑞罢官》《海瑞上疏》等。海瑞和宋朝的包拯一样，是中国历史上清官的典范、正义的象征。明代思想家李贽对海瑞做出这样的评价："先生如万年青草，可以傲霜雪而不可充栋梁"，可谓入骨三分。

■大事坐标┃

1514 年	出生。
1550 年	中举。
1562 年	任诸暨知县。
1569 年	调升右佥都御史。
1585 年	重被起用，先后任南京吏部右侍郎、南京右佥都御史，力主严惩贪官污吏，禁止徇私受贿。
1587 年	病死于南京。

■关系图谱┃

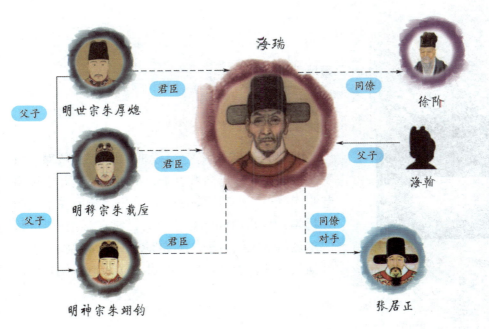

千古贰臣

洪承畴

■名片春秋

洪承畴（1593～1665），字彦演，号亨九。福建南安人。明末降清大臣。1641年率明军兵败松山，翌年城陷，俘至沈阳，降清。洪承畴降清后杀黄道周、金声、夏完淳等南明抗清义士，平定了江南抗清义军和南明鲁王、唐王（隆武）政权，对南明桂王（永历）政权所属抗清力量实行长期军事围剿并督清军攻占云南，是清朝定鼎中原的重臣。1665年卒，谥文襄。清乾隆皇帝因其为叛明降清之人，列其于贰臣甲等，列入《清史·贰臣传》。

■风云往事

◇少小发奋◇

洪承畴童年入溪益馆读书，因家境贫寒，11岁便辍学在家帮母亲做豆干，每日清晨还要走街串巷叫卖豆干。当时西轩长房的才子洪启胤在水沟馆办村学，洪承畴叫卖豆干之余，常在学馆外听课，偶尔也帮学生做对子。洪启胤发现洪承畴极有天分且抱负不凡，于是，免费收洪承畴为徒，使其重返

▲ 福建泉州洪承畴故居

学堂。洪承畴学习很刻苦，博览群书，从小就表现出治国平天下的抱负，深得洪启胤赏识。洪启胤曾在洪承畴的一篇文中批下"家驹千里，国石万钧"的评语。

▲ 明思宗朱由检坐像

◇松山恶战◇

清太宗皇太极即位以后，清政权机构日臻完善，国力、军力得以极大增长。但是，清的地盘仍限山海关以东。在这个有限的地盘中，还有几个明军困守的据点，比如锦州、宁远、松山、杏山、山海关，等等，这些据点是清军进一步发展的障碍。为了统一东北并把势力扩展到内地，清军必须拔除这些据点。为此，皇太极下决心要攻克山海关和锦州，打通去往关内的交通要道，为灭亡明朝、夺取北京创造条件。1638年秋，皇太极领兵攻占义州，并以此为基础，展开对锦州的围攻。

明崇祯帝也极力加强对山海关和锦州的防守。1639年初，洪承畴调任蓟辽总督，领陕西兵东来，与山海关马科、宁远吴三桂两镇合兵。锦州有松山、杏山、塔山三城，相为犄角。

1640年冬，清军攻锦州及宁远，洪承畴派兵出援，败于塔山、杏山。1641年春，在危急关头，明朝派洪承畴增援，与清兵会战。

洪承畴控制了松山至锦州的制高点，以凌厉攻势重挫清军，锦州局势开始好转。洪承畴本不想出战，但兵部尚书陈新甲促战，崇祯皇帝也希望速战速决。

七月，洪承畴领兵援锦州。此时辽东巡抚邱民仰驻军松山北，洪承畴便将骑兵布置在松山东、南、西三面，将步兵布置在离锦州只有六七里地的乳山岗，准备与清军决战。

两军交战后，洪承畴背松山列阵，派兵冲击清营，一冲不破，便决定撤退。因军中乏粮，诸将各怀去志，

吴三桂（1612~1678），字长伯，一字月所，明朝辽东人，明末清初著名政治、军事人物。明崇祯时镇守山海关，1644年降清，引清军入关，被封为平西王。1673年叛清发动三藩之乱。1678年病死，其孙吴世璠继其吴周皇帝位。

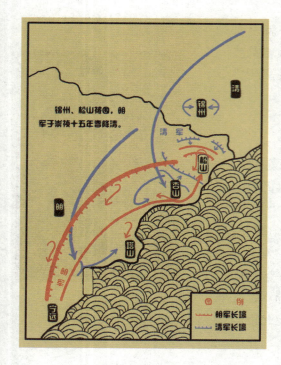

锦州、松山被围，明军于崇祯十五年春降清。

▲ 松山之战示意图

▲ 吴三桂画像

遂不待军令。大同总兵王朴乘天黑率部遁走，马科、吴三桂两镇兵也争相率军逃奔杏山。清军乘势追击，前堵后追。当他们逃到杏山时，又决定撤奔宁远，结果再次遭到伏击，部卒伤亡惨重。洪承畴由于事先没有决战的决心，使得明兵两镇六总兵败溃，10余万人土崩瓦解，先后被斩杀者5.3万余人，自相践踏死者及赴海死者更是不计其数，仅剩下自己带领的残兵万余人，洪承畴被清军团团围困在松山，饷援皆绝。

洪承畴被俘后，久被围困的锦州明军已筋疲力尽，粮尽援绝，又见松山、杏山的明军已败，待援无望。四月，锦州守将祖大寿便走出内城，率众出降。塔山、杏山也相继落入清军之手，明军的锦宁防线实际上已不复存在。

松山失陷对明朝影响极大，从此明朝在关外已不能再战，完全无力应付辽东局面，除宁远（今兴城）一地外，全部落入清军手中。在清军与农民军两大势力东西交攻之下，明朝已濒临灭亡。

◇ **洪承畴降清** ◇

洪承畴被俘后，宁肯绝食以明志，也不肯投降。皇太极得知洪承畴好色，每日便派十多个美女陪伴，也没起到任何效果。皇太极无计可施，特命最受宠信的吏部尚书范文程前去劝降，看他是否果有宁死不屈的决心。范文程至，洪承畴则大肆咆哮，而范文程百般忍耐，只口不提招降之事，而与他谈古论今，同时悄悄地察言观色。谈话之间，梁上落下来一块燕泥，掉在洪承畴的衣服上。洪承畴一面说话，一面"屡拂拭之"。范文程不动声色，告辞出来，回奏太宗："承畴不死矣。承畴对敝袍犹爱惜若此，况其身耶？"皇太极接受朝廷重臣的建议，礼遇洪承畴。据传当夜，皇太极的妃子博尔济吉特氏携人参汤到洪承畴的居所，见洪承畴闭目面壁，毫不理睬，博尔济吉特氏便娇嗔地说道："洪将军，您对大明江山如此赤胆忠心，实在令人敬佩。将军即使绝食，难道就不喝口水而后就义吗？将军，您还是喝一口吧！"洪承畴被美色所诱惑，开始卸下设防。

皇太极到太庙看望洪承畴，可其却见而不跪。皇太极嘘寒问暖，见洪承畴衣服单薄，当即脱下自己身上貂裘，披在洪承畴的身上。承畴瞠视良久，叹曰："真命世之主也！"乃叩头请降。随即剃发易服，归顺大清。皇太极大喜，说："我今获一导者，安得不乐！"委以洪承畴重任。后来，当得知那天夜里把壶劝饮的丽人是当今皇上最宠爱的庄妃博尔济吉特氏时，洪承畴不胜惶恐。可是皇太极和庄妃待他态度如常，好像根本没有发生此事一般。洪承畴越发感激，越发死心塌地地效忠清朝。

▲ 孝庄文皇后（1613~1688）

◇背负骂名◇

北京前门外有两座关帝庙。通常，关帝庙供的都是关羽的塑像，可前门外的关帝庙却供过洪承畴的塑像，这是为什么呢？

原来，在明朝崇祯年间（1628～1644），洪承畴出任蓟辽总督，与皇太极多次交战，双方互有胜负。1641年，从东北忽然传来了洪承畴战死的消息，一时间北京城里乱作一团，百姓如坐针毡，纷纷准备逃难。皇宫里的崇祯皇帝更是惶惶不安，但是为了给文武百官打气壮胆，他表面上还要装出一副稳坐金銮殿的样子。所以，在接到洪承畴阵亡的消息后，他立刻下了一道圣旨：全国为洪承畴致哀，并在北京为洪承畴塑像，供奉在前门外的一座关帝庙里。

▲ 清太宗皇太极坐像

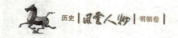

圣旨一下，工部立刻照办。他们从关帝庙里请出了协天大帝关羽，找石匠立刻动工塑洪承畴的像，一个多月后才把像塑完。这一天，崇祯皇帝率领文武百官来到关帝庙前，人人戴孝，全朝举哀。正在这时，和洪承畴一起作战的随军太监从东北清营里逃出来，回到了京城，向崇祯皇帝禀报了事实。原来洪承畴并没有死，而是投降了清军。崇祯帝一听，立刻命石匠把塑像毁掉。崇祯帝离开后，洪承畴投降的消息立刻传遍了北京城，百姓们把打碎的雕像丢进了茅坑里。

洪承畴降清后，不仅屡立战功，还献计献策，加速了明朝的灭亡。清世祖福临于1644年登上了金銮宝殿后大赏文武百官，洪承畴是功劳最大的一个，所以封他为当朝一品。

清军进关后第一个春节，夜里的北京城十分热闹，鞭炮齐鸣。大年初一一大早，洪承畴和妻妾们睡得正香，忽然守门的护军闯进了卧堂，手里拿着一副墨迹未干的对联，交给了他。洪承畴接过对联一看，脸顿时涨得像个紫茄子，他气急败坏地问："这对联是从哪里来的？"护军说："今晨刚敲过五更，我到门外巡视，看见府门口又有人在贴对联，我就大喊一声追了过去，那人看见我，仓惶而逃。"洪承畴为什么气成这样？原来那副对联写的是："忠义孝悌礼仪廉；一二三四五六七"。上联缺"耻"，下联忘"八"。这分明是骂洪承畴是无耻的王八，他能不生气吗？

■历史评价 I

明末之将，除了曹文诏便是洪承畴了。自其在陕西一战成名后更是锐不可当，成为明朝主力。他在指挥作战中表现出优异

▲ 北京南锣鼓巷洪承畴故居

的军事才华，然而松山之战成了他人生的转折点，也成了清朝问鼎中原的转折点。此外，他在任上也提出了一些有益于社会发展的建议。洪承畴在清入主中原之后，佐理机务，招抚江南，经略五省，跨度长达 16 年，他的许多建议和举措对促进清朝迅速完成统一大业起了积极作用。

■大事坐标┃

1593 年	出生。
1615 年	参加乡试，为乙卯科中式第十九名举人。
1616 年	赴京会试，连捷登科，为丙辰科殿试二甲第十四名，赐进出身。
1622 年	擢升浙江提学佥事。
1630 年	被任命为延绥巡抚。
1642 年	兵败被俘，投降皇太极。
1645 年	授予"招抚江南各省总督军务大学士"，敕赐便宜行事。
1651 年	兼管都察院左都御史事。
1665 年	去世。

■关系图谱┃

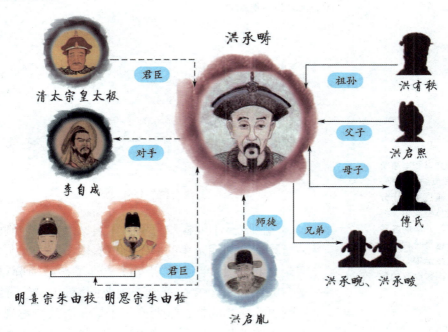

洪承畴

清太宗皇太极 —— 君臣 —— 洪承畴

洪承畴 —— 祖孙 —— 洪有秋

洪承畴 —— 父子 —— 洪启熙

洪承畴 —— 母子 —— 傅氏

李自成 —— 对手 —— 洪承畴

洪启胤 —— 师徒 —— 洪承畴

洪承畴 —— 兄弟 —— 洪承晓、洪承畯

明熹宗朱由校 明思宗朱由检 —— 君臣

大顺闯王

李自成

■名片春秋 |

李自成（1606 ～ 1645），原名鸿基，明末农民起义领袖，杰出的军事家。曾为银川驿卒，1629 年起义，后为闯王高迎祥部下的闯将，勇猛有识略；1643 年在襄阳称新顺王。同年，在河南汝州（今临汝）歼灭明陕西总督孙传庭的主力，旋乘胜进占西安。1644 年正月，建立大顺政权，年号永昌；同年三月十八日，攻克北京，推翻明王朝。四月，被多尔衮率八旗军与明总兵吴三桂合兵，在山海关内外击败。1645 年，在湖北通山九宫山考察地形时神秘消失（一说战死，另有出家之说等）。

驿站

古代供传递官府文书和军事情报的人或来往官员途中食宿、换马的场所。在通信手段十分原始的情况下担负着政治、经济、文化、军事等方面的各种信息传递任务，也是一种特定的网络传递与网络运输，其建设和营运费用是国家财政的重要支出。

■风云往事 |

◇困苦少年◇

　　李自成从小就喜欢舞枪弄棒。父亲死后他到驿站当驿卒。明朝末年的驿站制度有很多弊端，明思宗朱由检 1628 年对驿站进行了改革，精简驿站。李自成因丢失公文被裁撤，失业回家，并欠了债。然而更为残酷的是，陕西连年干旱，以致严重到了人吃人的地步，老百姓的生存空间越来越少。李自成因交不起欠款，被人一举告到衙门。县令晏子宾将他"械而游于市，将置至死"，后由亲友救出。年底，李自成杀死债主艾诏。接着，医妻子韩金儿和村上名叫盖虎的通奸，李自成又杀了妻子。两条人命在身，官府不能不问，吃官司不能不死，于是李自成就同侄子李过于 1629 年到甘肃甘州（今甘肃张掖）投军。当时，杨肇基任甘州总兵，王国任参将。李自成不久便被王国提升为军中的把总。同年在榆中因欠饷，李自成杀死参将王国和当地县令，遂发动兵变。

▲ 陕西米脂李自成雕像

◇四方征战◇

1630 年，李自成率部下投到高迎祥旗下，统领八队将士。崇祯六年（1633），在农民军首领王自用病卒后，李自成收其遗部 2 万余人。后与农民军首领张献忠等合兵，在河南林县（今河南林州）击败明总兵邓玘，杀其部将杨遇春，随后转战山西、陕西各地。

▲ 李自成进北京

1634 年，李自成连克陕西澄城、甘肃乾州（今陕西乾县）等地，后于高陵富平间为明总兵左光先击败。1635 年，他与各路农民军首领聚会河南荥阳（一说无此会），共商分兵定向之策；遂转战江北，由河南又入陕西，在宁州（今甘肃宁县）击杀明副总兵艾万年等，又在真宁（今甘肃正宁西南）再败明军，逼迫总兵曹文诏自杀。 1636 年，在高迎祥被俘杀后，李自成被推为闯王，领众"以走致敌"，采取声东击西、避实击虚的战法，连下阶州（今甘肃武都）、陇州（今陕西陇县）、宁羌（今陕西宁强）。旋兵分三路入川，

高迎祥（？～1636），明末民变首领。1628 年率众起事，自称闯王。1636 年率军出汉中，折回陕西，谋攻西安，遭明将孙传庭伏击，战败被俘而死。

▲ 陕西米脂李自成行宫

李自成行宫

位于陕西米脂县北的盘龙山上。盘龙山原名马鞍山，是李自成在西安建立大顺国后，其侄李过奉命回米脂修建的。行宫依山据险，前后2层90级台阶，将秀丽别致的乐楼、梅花亭、捧圣楼、二天门以及凌空而立的玉皇阁联结托起，蜿蜒有序地直上山巅。

于昭化（今四川广元西南）、剑州（今四川剑阁）、绵州（今四川绵阳）屡败明军，击杀明总兵侯良柱。 1637年冬，李自成围攻成都多日未曾取得效果，后又在梓潼迎战总兵左光先、曹变蛟，均失败。遂分道返陕，移师潼关，遭明军伏击，将卒伤亡散失甚众，率部将刘宗敏、田见秀等18骑隐伏于陕西洛山中。不久，李自成又亲率部下赶往谷城，获取了张献忠资助。

1639年，李自成与复起的张献忠合兵破竹溪，移师截断明军粮道。后协助罗汝才于香油坪击败明总兵杨世恩部。

1640年，李自成为明总兵左良玉败于房县，重入河南，破永宁（今河南洛宁），斩万安王朱采。李自成与永宁的农民军首领合起军队达到数十万人，攻打宜阳。进至卢氏，得牛金星、宋献策用为谋士，纳李岩均田免赋建策，深得民众拥护，有歌谣"迎闯王，不纳粮"（《明史·李自成传》）。

1641年春，李自成移师围洛阳，得守军策应破城，执杀福王朱常洵。后又指挥包围开封，数次攻打无效，又去往邓州，脱离了张献忠的罗汝与李自成合并军队，人数达到数百万。后乘明军四路向河南新蔡、项城调集，遣精兵于途中伏击，致明军阵乱败逃，执杀明总督傅宗龙于项城。李自成率领的起义军逐渐成为起义军中的佼佼者。

◇ **正式称王** ◇

1639年，张献忠在谷城（位于湖北襄樊）重新起义，李自成从商洛山中率数千人马杀出。1640年，李自成趁明军主力在四川追剿张献忠之际进入河南，收留饥民。当时，李自成放粮赈灾，很快竟有数万人前来加入。自此，李自成军队人数发展到数万，还提出"均田免赋"口号，即民歌之"迎闯王，不纳粮。"1641年正月二十日攻克洛阳，李自成杀万历皇帝的儿子福王朱常洵，称"奉天倡义文武大元帅"。之后李自成在一年半内三匝省城开封未果，最后一次1642年黄河决堤冲毁开封，先后杀死陕西总督傅宗龙、汪乔年。1642年十月在河南郏县击败明陕西巡抚孙传庭。与此同时，明朝对清朝战事不利，三月，洪承畴降清。十一月，清军第五次入塞，深入山东，掠走36万人。趁此机会，李自成于1643年正月在襄阳称"新顺王"。三月，杀与之合军的农民领袖罗汝才。四月杀叛将袁时中。五月张献忠克武昌建立"大西"政权。十月，李自成攻破潼关，杀死督师孙传庭，占领陕西全省。1644年正月李自成在西安称帝，以李继迁为太祖，建国号"大顺"。

▲ 李自成鎏金皇冠

◇攻克京城◇

　　1644年正月李自成东征北京，突破宁武关，杀守关总兵周遇吉，攻克太原、大同、宣府等地，明朝官吏姜瑞、王承胤纷纷来降，又连下居庸关、昌平。三月十七日半夜，守城太监曹化淳率先打开外城西侧的广宁门，即农民军由外城西侧的广宁门农民军由此进入今复兴门南郊一带。三月十八日，李自成派在昌平投降的太监杜勋入城与崇祯帝秘密谈判。李自成提出的条件为："闯王部队人强马壮，若是割

▲ 李自成蓝龙袍

▲ 湖北通山李自成墓

西北的土地封王，犒赏军队，闯王就会退守河南。"由李自成的个人分析可见，李自成本人足智多谋。闯王既然收了封赏就会为朝廷剿灭贼寇，并帮助朝廷剿灭外藩，但是不会觐见，不会听从诏令。双方谈判破裂。三月十九日清晨，兵部尚书张缙彦主动打开正阳门，迎刘宗敏军，崇祯皇帝在景山自缢，李自成下令将崇祯皇帝厚葬。二十七日，将崇祯皇帝葬于田贵妃墓中。李自成入住紫禁城，封宫女窦美仪为妃。大顺军进城之初京城秩序尚好，店铺营业如常。但从二十七日起，大顺军开始拷掠明官，四处抄家，规定助饷。李自成手下士卒抢掠，臣将骄奢。四月十四日，西长安街出现告示："明朝天数未尽，人思效忠，定于本月二十日立东宫为皇帝，改元义兴元年。"十三日，由李自成亲率10万大军奔赴山海关征讨吴三桂。据说李自成进北京后，从宫中搜出内帑"银三千七百万锭，金一万锭"，但不足为信。

◇惨败而亡◇

1644年，李自成与驻守山海关的将领吴三桂进行了激烈的战争。战至四月二十二日，吴军渐渐不支。吴三桂乃降于清朝摄政王多尔衮，吴军与清军两军联手击溃李自成，主将刘宗敏受伤，急令撤退。二十六日李自成逃到京城，仅3万余人，二十九日李自成在北京称帝，怒杀吴三桂家大小34口，次日逃往西安，由山西、河南两路撤退。临行前火烧紫禁城，七月渡黄河败归西安，不久，弃西安，经蓝田，商州，走武关。由于南明弘光帝朝廷的建立和大顺军的节节败退，很多投降大顺的原明朝将领复投降南明或清朝，李自成的不信任，疑神疑鬼，导致整个军队人心涣散。1644年十二月，清军出击潼关，大顺军列阵迎战，清军因主力及大炮尚未到达，坚守不战。1645年清军以红衣大炮攻破潼关，李自成采取避战的方式流窜，经襄阳入湖北，试图与武昌的明朝总兵左良玉联合抗清。左良玉却东进南京，去南明朝廷"清君侧"征讨马士英，病死途中。四月李自成入武昌，但被清军一击即溃。五月在江西再败，于1645年神秘消失。

李自成遇难湖北通山县九宫山的说法，在全国李自成学术会上就已被专家确认。但是，李自成究竟是怎样死的，却一直有争论。《明史·李自成传》也无法搞清其殉难经过。近年来，李自成殉难经过有以下几种说法：自缢说、战死说、误死说、搏斗死说、夹山寺禅隐说、青城归隐说。

■ **历史评价 |**

李自成的一生无疑充满了坎坷惊险。他的战绩可圈可点的，这充分表现了他杰出的军事才能。他的口号在当时也是深得人心，因而在征战中所向无敌。然而细看他的表现，可以说注定了他悲剧的一生，其狭隘的小农思想，进京后的烧杀劫掠，令其人心大失。他的行动在一定程度上改变了明朝的历史进程。

■ **大事坐标 |**

1606 年　出生。
1628 年　驿站改革，进行精简，失业回家。
1629 年　到甘肃甘州投军。
1630 年　率众投农民军首领不沾泥，继投高迎祥，号八队闯将。
1643 年　在襄阳称"新顺王"。
1644 年　在西安称帝，以李继迁为太祖，建国号"大顺"。破北京。
1645 年　去世。

■ **关系图谱 |**

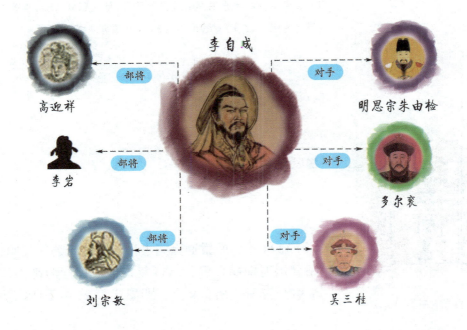

抗倭名将

戚继光

■名片春秋

戚继光（1528 ～ 1588），字元敬，号南塘，晚号孟诸，山东登州（治今蓬莱）人。明朝杰出的军事家、民族英雄。初任登州卫指挥佥事，1555 年调往浙江，招募新军进行训练，创立攻防兼宜的鸳鸯阵。1562 年受命入闽剿倭，先后荡平宁德城外的横屿、福建福清牛田等三大倭巢，在浙江、福建取得台州、横屿、平海卫、仙游等战役的胜利，基本上荡除东南沿海倭患，为扫除东南倭患做出很大贡献。1568 年调往蓟州，加高加厚长城，修建空心敌台，创立步、骑、车、辎重诸营，边境得以安宁。1583 年调往广东，后罢归登州，不久病卒。戚继光以捍卫边疆为己任，屡克强敌，战功卓著。著有《纪效新书》《练兵实纪》《止止堂集》等书传世。

■风云往事

◇东向抗倭◇

1544 年，戚景通因病去世，戚继光袭任父职，任登州卫指挥佥事。1553 年，他被提升为都指挥佥事，管理登州、文登、即墨三营 25 个卫所，防

▲《纪效新书》书影

御山东沿海的倭寇。到任以后，戚继整顿卫所，训练士兵，严肃军纪，使山东沿海的防务大大改观。

令戚继光名声大震的当属他在江浙一带的抗倭斗争了。由于浙江倭患严重，1555 年，戚继光调任浙江都司金书，次年升任参将，镇守宁波、绍兴、台州三府。戚继光多次与倭寇作战，先后取得龙山、岑港、桃渚之战的胜利。

龙山所之战是戚继光扬名立万的第一战，也就是在这时，他组建了戚家军。龙山所在定海县（今浙江舟山）境内，北面濒临大海，是倭船往来必经之道。1556 年九月，800 多名倭寇攻打到龙山所，戚继光此时新任参将不久，听到消息立刻率军前往。倭寇分成三路猛冲过来，明军纷纷溃退，戚继光见形势危急，连忙跳到一块高石上，一连三箭将三个倭酋射倒，倭寇这才退去。十月，倭寇又在龙山所登陆，戚继光与俞大猷等率军抗击，三战三捷，逼得倭寇乘夜撤退。明军跟踪追击，至雁门岭遇伏，纷纷逃走，倭寇得以乘船出海。两次龙山所之战，戚继光初露锋芒。同时，在此战役中，戚继光认识到明军存在着致命弊病，因此有必要训练一支强有力的军队。

战后不久，戚继光便连续两次上书，向上司提出练兵建议，但由于各种原因，建议均未得到采纳。1559 年九月，戚继光第三次提出建议，决定到义乌招募农民和矿工，得到上司同意。到义乌后，戚继光进行了严格的挑选，他制定了严格制度四要四不要："不要城里人，不要在官府里任过职的，不要 40 岁以上和长得白的，不要胆子特别小和胆子特别大的；要标准的农民，要黑大粗壮皮肉结实的人，要目光有神的人，要见了官府还得有点怕的人。"最后选定 3 000 多人，编立队伍，为其分发武器并进行严格的训练。从此，这支军队转战各地，取得了辉煌的战绩，人称"戚家军"。

▲ 戚继光坐像

倭寇

自元末至明万历年间，一部分日本武人、浪人（流亡海上的败将残兵）、海盗商人和破产农民不断侵扰明朝、朝鲜沿海地区，前后历时达 300 年之久。因为最初都来自日本（当时称为倭国），所以被统称为"倭寇"。及至后期，来自中国和朝鲜的海商与海盗继续为祸于东海，也被归于倭寇之列。

台州大捷使"戚家军"闻名天下。1561年四五月间，倭寇大举进犯浙江，船只数百艘，人数约一两万，骚扰地区几十处，声势浩大。其中大股倭寇窜犯宁海、桃渚、新河等地，戚继光确立"大创尽歼"的原则，在花街、上峰岭、藤岭、长沙等地大败倭寇，先后取得十三战十三捷，共擒斩倭寇1 400多人，焚、溺死4 000多人，使侵犯台州的倭寇遭到沉重的打击。与此同时，其他将领在宁波、温州一带和倭寇交战10多次，也取得重大胜利，浙江倭患基本平息。台州大捷后戚继光被升为都指挥。

◇福州剿寇◇

福建的倭患也很严重，戚继光等人转战福州继续剿灭倭寇。1560年后，倭寇在浙江受到沉重的打击，在福建的活动就更加猖獗，一支筑巢于宁德城外海中的横屿（时人称夺命岛），另一支筑巢于福清的牛田，形势非常危急。1562年，戚继光受命入闽剿倭，先后荡平横屿、牛田、林墩三大倭巢，随后回浙江补充兵员。戚继光刚离开后，倭寇就相互庆贺说："戚老虎已去，我们还有什么可怕的！"活动又猖獗起来，攻占兴化府（今福建莆田），随后又据平海卫为巢。1563年，戚继光抵达福建，于平海卫大败倭寇；随后率军解仙游之围，灭山贼吴平于南澳，基本上平息了东南沿海的倭患。

戚继光平倭的最后一战是灭山贼吴平时的战争。吴平是福建漳州诏安县梅岭人，与倭寇勾结，招纳海盗、流氓1万多人盘踞在梅岭一带。1565年春，戚继光攻占梅岭，吴平率部南逃，占据闽广交界的南

▲ 台州之战作战经过示意图

澳岛，戚继光跟踪追击，将南澳岛封锁起来。十月，戚继光率军在龙眼沙登陆，命人散布劝降檄文，使吴平党羽军心不稳，戚家军乘势进攻，大获全胜。吴平失魂落魄，率领部下遁入森林。月底，戚继光与俞大猷合力进讨，吴平惨遭失败，仅率 800 余人乘船逃脱。1566 年，戚继光和俞大猷进剿吴平残部，吴平投海自杀，至此，东南沿海地区的倭患基本平息。

◇北向戍边◇

东南沿海的倭患虽然平息了，但北边仍然存在鞑靼的威胁，为了加强北边的防务，朝廷决定调戚继光训练边兵。1567 年十二月，戚继光奉命北上，到京师不久，便上《请兵破虏四事疏》，提出自己的边防策略。但一些官员议论不休，纷进谗言，戚继光被任命为禁军神机营副将。次年夏天，由新任蓟辽保定总督谭纶推荐，戚继光被任命为总理蓟州、昌平、辽东、保定之军务。当时坐镇蓟州的是总兵郭琥，戚继光来到后，权力不统一，诸将多不听令。不久郭琥被调走，由戚继光单独负责蓟州防务，镇守蓟州、永平、山海关等处。

戚继光镇守蓟州不久，俺答汗就放弃了骚扰政策，与明政府达成和议。明朝封俺答汗为顺义王，设立互市于大同、宣府等地，俺答汗则严禁诸部入边劫掠。不过，辽东的图们札萨克图汗（或称土蛮）还经常攻掠边境，朵颜部的董狐狸也不时和明军发生冲突。戚继光积极防御，多次击退董狐狸的进攻，使其保证不再骚扰边塞。1579 年冬，图们汗带领骑兵 4 万多人进犯辽东镇，辽东总兵李成梁坚壁清野，朝廷命戚继光出兵声援，图们汗见明军准备充分，只得悻悻撤退。

戚继光到蓟镇后，将全部防区划分为十二路，

俞大猷（1503～1579），字志辅，号虚江，福建晋江人。明朝抗倭名将，民族英雄。从军五十载，严于治军，先计后战，不贪近功。抗倭战功卓著，虽屡遭诬陷，受挫不馁。卒后，赠左都督。著有《正气堂集》等。

俺答汗（1507～1582），明代蒙古右翼土默特万户首领。孛儿只斤氏，达延汗孙。1550 年兵临北京城下，胁求通贡，史称庚戌之变。1571 年，明朝封俺答为顺义王，开始了明、蒙几十年和平友好的局面，促进了蒙古右翼地区经济、文化的发展。

▲ 福建蕉城戚继光公园内戚继光塑像

上面设东、西协守，分管东西各路军队。他虽然全权负责蓟州一线的防务，但练兵主张却得不到朝廷的积极支持，只好将精力主要转到防御工事上。他将旧城墙加高加厚，并修筑了大量空心敌台。敌台修成后，戚继光又设立车营，创立各兵种协同作战的战术。在此期间，因北方士兵纪律散漫，戚继光请求调浙兵北上，得到朝廷同意。开始只调来浙兵 3 000 人，后增到 9 000人，最后增至 2 万，成为守边的主力。戚继光的艰苦努力，使北边防务有了极大的改善。

■ 历史评价 ▏

戚继光的治军思想极为先进，他最先发现明军的弱点并进行对应的改进。他军纪严明，赏罚必信。采用这样的治军方针，戚继光造就了一支坚强的部队。通过健全各兵种协同作战，他创造了近乎百战百捷的神话。各兵种协同作战在当时是十分先进的军事思想。繁忙的军务中，戚继光抽空撰写了两部重要兵书，即《纪效新书》《练兵实纪》。这两部书是他练兵打仗的经验总结，也是他训练军队的教科书。两书在军事学上占有很高的地位，皆收录于《四库全书》，占军事著作的十分之一。

戚继光能文能武，以"能诗"著称。他喜欢延揽文士，饮酒赋诗，往来酬对，晚年将诗文编为《止止堂集》。戚继光还著有《杂集》6 卷、《将臣宝鉴》1 卷、《禅家六籍》16 卷。

■ 大事坐标 |

1528 年	出生。
1544 年	父亲戚景通因病去世，袭任父职，任登州卫指挥佥事。
1549 年	考中武举。
1555 年	调任浙江都司佥书。
1559 年	创建戚家军。
1561 年	倭寇大举进犯浙江，率军在台州十三战十三捷，基本上平息了浙江的倭患。
1562 年	受命入闽剿倭，先后荡平横屿、牛田、林墩三大倭巢。
1566 年	和俞大猷进剿吴平残部，吴平投海自杀，东南沿海的倭患基本平息。
1568 年	调镇蓟州。
1585 年	被朝廷罢免官职，回到家乡登州。
1588 年	突然发病，与世长辞。

■ 关系图谱 |

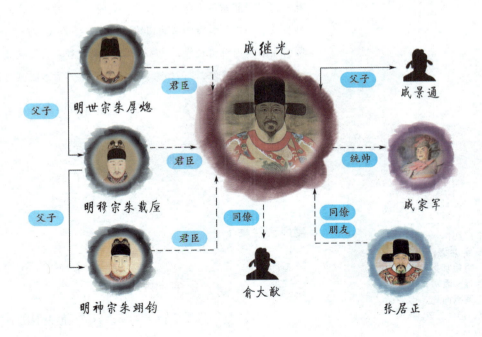

汗青流芳

史可法

■名片春秋

史可法（1602～1645），字宪之，又字道邻，祥符（今河南开封）人，祖籍顺天府大兴县，东汉溧阳侯史崇第49世裔孙，其师为左光斗。明末政治家，军事家。曾任明南京兵部尚书东阁大学士，授西安府推官，历任户部员外郎、郎中。1635年，随卢象升镇压各地农民起义。1637年，被张国维推荐升任都御史，巡抚安庆、庐州、太平、池州及河南、江西、湖广部分府县。1641年任总督漕运，1643年七月拜南京兵部尚书，参赞机务。1644年三月李自成攻占北京，弘光政权建立后，拜礼部尚书兼东阁大学士，时称"史阁部"。时议设刘泽清、刘良佐、高杰、黄得功江北四镇，以史可法为兵部尚书，督师扬州。他因抗清被俘，不屈而死，是我国著名的民族英雄。南明朝廷谥之忠靖，清高宗弘历追谥忠正。其后人收其著作，编为《史忠正公集》。

左光斗（1575～1625），字遗直，一字共之，号浮丘，桐城人。明朝官员，也是史可法的老师。因对抗大宦官魏忠贤，下狱而死。南明弘光时平反，谥为忠毅。

■风云往事

◇结识左光斗◇

一天，刮风下雪特别寒冷，几个随从跟随左光斗外出，私行察访，走进一座古庙。到了庙堂里的小屋，只见一个书生趴在桌上睡着了，书桌上的文章刚成草稿。左光斗看完了文章，就脱下自己的貂皮裘衣给书生盖到身上，并给他关好门。左光斗向庙里的和尚打听这个书生，得知他叫史可法。等到考试，吏官叫到史可法的名字，左光斗惊喜地注视着他，他呈上试卷时，就当面批点他是第一名，又召他到内室，让他拜见了自己的夫人，并对夫人说："我们的几个孩子都平庸无能，或许只有这个书生将来继承我的志向和事业了。"

后来，左光斗被送进东厂监狱，史可法早晚守在监狱的大门外。太监防范窥伺很严，即使左家的佣人也不能靠近。过了好久，听说左光斗受到炮烙酷刑，不久就要死了，史可法拿出五十两银子，哭泣着跟看守商量，看守受感动了，同意他们见上一面。一天，看守让史可法换上破旧衣服，穿上草鞋，背着筐，用手拿着长锹，装作打扫卫生的人，把史可法引进牢房，暗暗地指点左光斗待的地方。左光斗靠着墙坐在地上，脸和额头被烫焦，溃烂得不能辨认，左边膝盖以下的筋骨全部脱落了。史可法走上前去跪下，抱着左公膝盖就哭泣起来。左光斗听出是史可法的声音，可是眼睛却睁不开，于是奋力举起胳臂用手指拨开眼眶，目光如同火炬一样明亮，恼怒地说："没用的奴才！这是什么地方？可你还来到我这里！国家的事情，败坏到了不可收拾的地步，我已经完了，你又轻视自己不明大义，天下事谁能支持呢？还不赶快离开，难道要等到坏人捏造罪名来陷害你吗？我现在就打死你！"于是摸索着地上刑具，做出投打的样子。史可法闭着嘴不敢出声，快步地出来。后来史可法常常流着泪讲述这件事，告诉别人说："我老师的肝脏，都是铁石铸造的。"

▲ 江苏扬州史公祠史可法雕像

东厂

明代的特权监察机构、特务机关和秘密警察机关。明成祖于永乐十八年（1420）设立东缉事厂（简称东厂），由亲信宦官担任首领。东厂是世界历史上最早设立的国家特务情报机关。

东林党

明代晚期以江南士大夫为主的政治集团。1604年，被革职还乡的顾宪成修复宋代杨时讲学的东林书院，与高攀龙、钱一本、薛敷教、史孟麟、于孔兼及其弟允成等人，讲学其中，"讲习之余，往往讽议朝政，裁量人物"，其言论被称为清议。朝士慕其风者，多遥相应和。这种政治性讲学活动，形成了广泛的社会影响。"三吴士绅"、在朝在野的各种政治代表人物、东南城市势力、某些地方实力派等，一时都聚集在以东林书院为中心的东林派周围。时人称之为东林党。

◇心思单纯的书生◇

崇祯死后，南京兵部尚书史可法等拥立福王朱由崧五月在南京称帝，建立南明政权。明朝处在清朝政权、农民起义两方面压力之下，以史可法为首的诸臣主要采取的策略是"联虏平寇"。把大顺军作为主要敌人，希望能够借重清朝政权的力量，首先剿灭李自成势力，再谋求后续打算。然而，南明政权却不能同仇敌忾，反而党争不断，互相钩心斗角、争权夺利。东林党人与马士英、阮大铖之间的矛盾，以及姜曰广、高弘图、刘宗周等人的辞官，说明了南明朝廷无法齐心向外，注定会败亡。

其实，史可法是个有才能的人，南明朝廷也确实很想重用他。当福王刚刚在南京监国时，史可法确实被拜为首辅，但是由于当时马士英觉得自己拥立有功，却未被封为首辅之位，于是煽动南京附近的军队兵变，逼迫福王即位封臣时将自己改封首辅，而史可法只落得个东阁大学士之职。福王不重用史可法的另一原因，则是因为其父老福王乃万历之子。当时万历宠幸郑贵妃，欲改立老福王为太子，是东林党人全力阻挠，此事才没能成功。现在的南京城中，东林党人以史可法地位最高，福王自然有所顾虑，因而也有意疏远他。种种原因导致了史可法的不得志。

被马士英等人排挤，史可法失势，后自请督师江北，前往扬州统筹刘泽清、刘良佐、高杰、黄得功等江北四镇军务机宜。然而，四镇因定策之功而飞扬跋扈，各据地自雄，史可法与朝廷皆无力管束。四镇尾大不掉、各自为政，致使明军非但无力进取，连抵抗清军南下也很不得力。

◇血战扬州◇

1645年四月，左良玉率数十万兵力由武汉举兵东下，要"清君侧，除马阮"，马士英竟命史可法尽撤江防之兵以防左良玉。史可法只得兼程入援，抵燕子矶，以致淮防空虚。左良玉为黄得功所败，呕血而死，全军投降清朝。史可法奉命北返。此时值盱眙降清，泗州城陷。史可法遂至扬州，继续抵抗清军的进攻。

当年五月十日，多铎兵围扬州，史可法传檄诸镇发兵援救，刘泽清北遁淮安，仅刘肇基等少数兵至，防守见绌。此时，多尔衮劝降，史可法写《复多尔衮书》，拒绝投降。《复多尔衮书》曰："今逆贼未服天诛，谍知卷，上西秦，方图报复。此不独本朝不共戴天之恨，抑亦贵国除恶未尽之忧。伏乞坚同仇之谊，全始终之德；合师进讨，问罪秦中；共枭逆贼之头，以泄敷天之愤。则贵国义闻，炤耀千秋，本朝图报，惟力是视。"体现了史可法不卑不亢的精神，流传万世。副将史德威追随史可法多年，史可法收德威为义子，托以后事。二十四日，清军以红衣大炮攻城。入夜扬州城破，史可法欲自刎，被众将拦住。众人拥下城楼，大呼曰："我史督师也！"多铎劝降，史可法表示："城亡与亡，我意已决，即碎尸万段，甘之如饴，但扬城百万生灵不可杀戮！"后壮烈就义。因为攻城的清军遭到很大伤亡，心里恼恨，于是下令屠杀扬州百姓。大屠杀延续了 10 天，死亡 80 万人，史称"扬州十日"。史可法死后 12 日，其遗体不知下落。隔年，史德威将其衣冠葬于扬州城天宁门外梅花岭。后来全祖望曾写《梅花岭记》描述此事。

数点梅花亡国泪，

二分明月故臣心。

这是清代诗人张尔荩撰的对联。内容言简意赅，笔墨雄壮雅健，使后人领略到史可法"吾誓与城为

▲ 爱新觉罗·多铎（1614~1649），清太祖努尔哈赤第十五子，清初著名将领

▲ 安徽六安史祠村史可法衣冠冢

▲ 江苏扬州史可法纪念馆

▲ 江苏扬州史可法纪念馆内
史可法塑像

殉"的凛然正气、飒飒风采。史可法是民族的骄傲，其精神在中华正气篇上熠熠发光。史可法在为官期间为百姓做了许多好事，现今祠堂两边的楹联上写着："尚张睢阳为友，奉左忠毅为师，大节炳千秋，列传足光明史牒；梦文信国而生，慕武乡侯而死，复仇经九世，神州终见汉衣冠。"史可法为政极具惠声，以"廉政爱民"为朝野称道。当六安城墙坍塌时，他自捐俸修葺，用的是节省下的两千多两黄金，而不是去支取公费，不劳民伤财，即使是一砖一瓦也是自己用心经营。他自己却终年穿布衣，吃粗茶淡饭；当他看到六安学事废弛，便开"礼贤馆，广咨问，以拔才能"；当他看到官吏借"签点法"无偿征收百姓马匹，致使"中人之产立尽"、"百姓苦之"时，他立即改革，永除其弊。他"事无巨细，咸属亲裁，目视、耳听、口答、手批，靡不赡举，而始终无倦，致百废俱兴。"当他巡抚凤阳等地时，大胆"劾罢督粮道三人，增设漕储道一人"，表现了他疾恶如仇、整饬吏治的胆略。

■历史评价 ▎

英国外交家马戛尔尼曾说过："明末的反清并不仅是民族斗争，也不仅是捍卫明朝一姓私利的斗争，而是文明与野蛮、进步与落后的斗争，是关系到中国后来几百年命运的一场斗争。"史可法所捍卫的不仅是中国的利益，同样也是整个世界文明进步的利益，可惜失败了。史可法的政治敏锐性和军事敏感性还是欠缺了些。但是，不可否认的是史可法的忠诚与爱国，这一点甚至得到了敌人的认可。清乾隆帝以其忠义，追谥忠正。史可法是左光斗的学生，方苞曾写《左忠毅公轶事》，述说史可法与其师左光斗之间的提携情感，也令人动容，值得尊重。

■大事坐标▮

1601 年 ┃ 出生。
1635 年 ┃ 随卢象升镇压各地农民起义。
1637 年 ┃ 被推荐升任都御史，巡抚安庆、庐州、池州及河南、江西、湖广部分府县。
1641 年 ┃ 任总督漕运。
1643 年 ┃ 拜南京兵部尚书，参赞机务。
1645 年 ┃ 兵败扬州被杀。

■关系图谱▮

史可法

明思宗朱由检 —君臣→ 史可法 ←师徒— 左光斗

福王朱由崧 —君臣→

史可法 ⋯对手⋯→ 马士英

权阉乱政

魏忠贤

■名片春秋 |

魏忠贤（1568 ～ 1627），字完吾，直隶肃宁（今河北肃宁）人，原名魏四，进宫后改名李进忠，后又改回原姓魏，皇帝赐名忠贤。市井无赖出身，后为赌债所逼遂自阉入宫做太监，在宫中结交太子宫太监王安，得其佑庇；后又结识皇长孙朱由校奶妈客氏，与之结为假夫妻。对皇长孙，则极尽谄媚事，引诱其宴游，甚得其欢心。1620 年，朱由校即位，是为熹宗，次年改元天启。魏忠贤升为司礼秉笔太监，开始平步青云，揭开了中国历史上最昏暗的宦官专权的序幕，一时厂卫之毒流满天下，一大批不满魏忠贤的官员士子惨死狱中，一大批无耻之徒都先后阿附于他，更有某些阿谀之臣到处为他修建生祠，耗费民财数千万。他自称九千岁，排除异己，专断国政，以致官员"只知有忠贤，而不知有皇上"。明思宗朱由检 1628 年继位后，打击惩治阉党，治魏忠贤十大罪，命逮捕法办。魏忠贤自缢而亡，其余党亦被沉重打击。

▲ 明熹宗朱由校乳母客氏画像

■风云往事 |

◇铲除异己◇

明熹宗朱由校乳母客氏为北直隶定兴（今属河

北）人，嫁侯二为妻，但18岁便入宫了。明朝有一习俗，宦官与宫中女性，主要是宫女，也包括像客氏这样的妇女，可以公开结为名义上的夫妻。所以两宦官争一宫女之事，并不少见。客氏原与魏朝相好，见到魏忠贤，便移情于他。熹宗生母王才人，1620年死，年少的熹宗内庭无所依靠。熹宗即位，封乳母客氏为奉圣夫人。魏朝与魏忠贤争客氏，意义不止于争一女，而是争宠于熹宗，自然更为激烈，甚至夜间于宫中喧闹。熹宗竟然也过问起此事，他问客氏看中了谁，由他做主安排。客氏选择了魏忠贤。魏忠贤与客氏合谋，矫旨将魏朝打发回凤阳，并派人在途中杀死了他。

▲ 明熹宗朱由校坐像

　　谋杀了魏朝后，魏忠贤又将比他地位高的王安定为下一个谋害的目标。王安不同于魏朝，是顾命太监，在移宫案中与外朝大臣合作，相当有威望。当时御史方震孺上疏，请逐客氏和魏忠贤。王安也感觉到魏忠贤的威胁，奏明熹宗，欲加惩处。但落到实处时，熹宗又手软了，只是令魏忠贤改过自新、逐客氏出宫。客氏出宫后，魏忠贤一时无所作为。谁知熹宗比他更离不开客氏，就像失了魂魄，不食者数日。不久，又把她召回宫中。魏忠贤和客氏在外朝官僚中寻找盟友，找到魏忠贤的同乡、给事中霍维华，指使他弹劾王安。客、魏包围熹宗，矫旨将王安降为南海子净军，又派人将他杀害。

　　王安死后，魏忠贤升为司礼秉笔太监。这打破了常规，因为他不识字，原没有资格入司礼监。熹宗皇后张氏"性格严谨、刚正"，多次向熹宗提醒防着客氏、魏忠贤。

　　张皇后主持后宫事务，有权直接处置客氏。她没有这样做，或因投鼠忌器，或希望熹宗决断。一次，张皇后看书，熹宗问她在看什么书，她答曰："《赵高传》。"张皇后用意很明确，熹宗默然。

　　客氏、魏忠贤二人知道了又恨又怕，扬言张皇

▲ 司礼监位置图

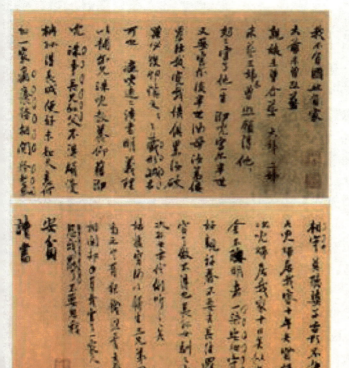

▲ 魏大中绝命书

后非国丈张国纪女，而是盗犯所出，借以治张家罪。熹宗重夫妇兄弟情谊，这才保全了张皇后家族。尽管如此，张皇后还是深受伤害。在她有身孕时，客氏和魏忠贤派亲信服侍，致使其流产。另外一些得罪客氏、魏忠贤的妃嫔，一般都难保性命。明光宗朱常洛选侍赵氏为二人所恶，被迫自尽。熹宗裕妃张氏为客氏所妒，以有孕之身被禁闭，绝食而死。冯贵人劝熹宗罢内操，被责为诽谤，赐死。

◇打击东林党◇

魏忠贤与外朝官僚的斗争，比起明代任何一次类似的斗争，更具有党争性质。

天启初年，标榜清流的士大夫都以东林党人自居，或被认为是东林党人。经历一二十年政治舞台上的风云，他们占据了一些重要位置，具有左右舆论的力量。

1621 年，叶向高成为内阁首辅，孙慎行任礼部尚书，邹元标任都御史。1622 年，孙承宗入阁兼掌兵部事，赵南星任都御史，第二年改吏部尚书。此外，高攀龙任左副都御史，杨涟也升至左副都御史，左光斗升至佥都御史。

起初，魏忠贤与东林党官僚的关系还不太紧张。他敬重赵南星，在熹宗面前对他大加称赞。二人并坐弘政门议事，赵南星郑重告诫魏忠贤："主上冲年，内外臣子，会各努力为善。"这话虽使魏忠贤心中不悦，但还没到翻脸的程度。

1623 年是个转折点。魏忠贤受命提督东厂，顾秉谦、魏广微等选入内阁。顾、魏不断受到言路的弹劾，不为清流所容。赵南星与魏广微之父魏允贞是朋友，但他三拒魏广微于门外，公开说魏允贞无子。魏忠贤需要外朝官僚的配合，不为清流所容的官僚也需要投靠魏忠贤，他们很自然地形成一个政治派别。1624 年四月，给事中傅櫆等上疏，称左光斗、魏大中等与内阁中书汪文言交通。六月，杨涟疏劾魏忠贤，列数他迫害朝臣、迫害太监、迫害妃嫔、蓄养内兵、罗织狱案等罪状 共 24 条，其他大臣也纷纷弹劾，不下百余疏。魏忠贤与外朝大臣的斗争，或者说，阉党与东林党的斗争，进入公开的阶段。从当时的形势看，反对魏忠贤和阉党的力量还很强大，双方无论那一方都没有必胜的把握。魏忠贤找到阁臣韩爌，希望化从中调解。这是一种妥协的姿态。韩爌不肯合作，其他大臣也不肯息战，从此两派彻底翻脸。此后，魏忠贤凭借毒辣手腕严重摧残了东林党人。左光斗、杨涟、魏大中、赵星南、高攀龙、顾大章等一大批东林党骨干先后被害，其他东林党人也是被贬或赐死，直到崇祯帝即位后，这些人才被平反。

◇终有一死◇

1627 年八月，熹宗病死，他的弟弟、信王朱由检即位，就是崇祯皇帝。无疑，魏忠贤也想要控制崇祯皇帝。据说，他曾进献绝色美女四人，带有香丸"迷魂香"。他想把崇祯皇帝变成痴皇帝，但没有得逞。

崇祯皇帝即位之初，小心谨慎，无所举动。待局势稍一稳定，便开始铲除魏党势力。九月，崇祯帝首先将客氏赶出皇宫。十月，通过大臣弹劾魏忠贤和阉党的奏疏免去魏忠贤司礼监和东厂的职务，谪发凤阳守祖陵。这是一个试探性的决定，没有引起太大的骚乱。于是，崇祯皇帝命锦衣卫擒拿魏忠贤治罪。

魏忠贤行至途中，接到密报。当夜，他听到外边有人唱道："随行的是寒月影，呛喝的是马声嘶。似这般荒凉也，真个不如死。"想到昔日的荣华富贵，魏忠贤也感到"真个不如死"，于是上吊自杀了。

▲ 江苏无锡人杰馆顾宪成雕像

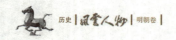
■历史评价 |

　　魏忠贤为明朝政局带来了无穷的灾难。打击东林党，剪除异己，可以说是毫不手软，尤其是杨涟等人在狱中所遭受的酷刑，令人发指。魏忠贤由于与控制舆论的文官集团之间矛盾积深，他的坏处被无限放大了。其实，魏忠贤所举荐的人有很多确有其才，如孙承宗等。而反观东林党人，他们可以说是道德上的楷模，然而他们却容不得一丝劣迹，使得很多中间人物被逼到魏忠贤一边。如赵南星三拒魏广微，并公开称其父无子。这不得不让人深思。

■大事坐标 |

1568 年	出生。
1620 年	朱由校即位，是为熹宗，升其为司礼秉笔太监。
1625 年	诬陷东林党的左光斗、杨涟、周起元、周顺昌、缪昌期等人有贪赃之罪，史称"六君子之狱"，大肆搜捕东林党人。
	国子监生陆万龄上书，为其修生祠。
	熹宗病死，信王朱由检即位，自尽而死。

■关系图谱 |

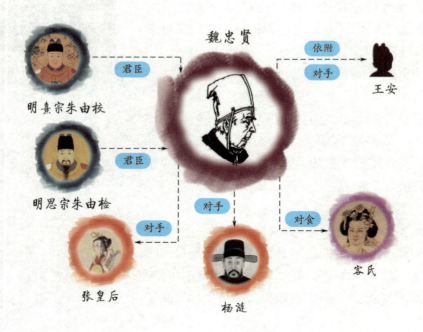

巨贪奸臣

严嵩

■名片春秋 |

严嵩（1480～1567），字惟中，号勉庵、介溪、分宜等，江西新余分宜人。明朝重要权臣，擅专国政达20余年。累进吏部尚书、谨身殿大学士、少傅兼太子太师、华盖殿大学士，为中国历史上著名的权臣之一。严嵩为官专擅媚上，窃权罔利，并大力排除异己，还贪污军饷，废弛边防，招权纳贿，肆行贪污，激化了当时的社会矛盾。晚年，为明世宗朱厚熜所疏远，抄家去职，两年而殁。

■风云往事 |

◇不择手段　独掌大权◇

　　严嵩25岁时中了进士，被选为庶吉士，并被授以编修官职。在他雄心壮志的时候，得了一场大病，迫使他退官回籍。在严嵩退官的10年，正是宦官刘瑾权倾天下之时。刘瑾与其党羽被灭后，严嵩北上顺天，正式复官。在复官的10多年之中，先后任职于北京与南京的翰林院，其间，他深深明白了权力的重要，逐渐学会了口蜜腹剑、欺上媚下，又了解若要得到大权，必定要找个靠山。当时的礼部尚书

▲ 夏言（1482～1548），
明代政治家、文学家

▲ 江西分宜严嵩塑像

曾铣（1509~1548），字子重，浙江台州黄岩县（今黄岩区）人。明嘉靖年间兵部侍郎，总督北方边陲抗击鞑靼杰出名臣。

夏言极得世宗宠信，又是严嵩的同乡，于是严嵩就抓紧这个机会，拼命巴结、讨好夏言，成为朝野上下的大红人。

有一次，严嵩在家中设宴，令下人请夏言来，可是夏言谢绝了严嵩的好意。于是，严嵩跑到夏言家门前，撩起衣袍，跪在夏府前。夏言见他如此恭敬也不好意思再三谢绝，便到严嵩家中赴宴。得到如此的机会，严嵩立刻讨好夏言，在宴会上一边劝酒布菜，一边甜言蜜语，令夏言十分开心。自此以后，严嵩成为夏言的知己，并向多方推荐严嵩。有了夏言的引荐，严嵩自此步步高升，得到在皇帝身边的官职。后来，严嵩了解到世宗喜欢被人奉承的心理，便大展他惊人的逢迎功夫，深得世宗喜爱，被提拔为礼部尚书，进入了内阁。

严嵩羽翼已丰，于是开始了攻击夏言的阴谋。他先以手段教唆世宗远离夏言，又怂恿世宗罢黜夏言。夏言被罢后，严嵩为所欲为，加插自己的亲友与羽翼在左右，以巩固自己在朝野中的实力。可惜，短短两年后，世宗又突然想起了夏言，再次起用了他。夏言明白严嵩的为人，于是处处克制他。眼见自己处处受到克制，毫无实权，严嵩对夏言怀恨在心，定要令夏言再无还手的机会。后来，他以鞑靼入侵中原的机会迫害夏言。在鞑靼入侵时，陕西总督曾铣得到情报后，动员手下夺回河套一带，于是上呈奏疏，提出了自己的意见，并得到了夏言的鼎力支持。夏言一面在世宗面前举荐曾铣，一面与曾铣商讨计划。

在计划开始之时，世宗决心夺回河套，并褒扬曾铣。可就在此时，严嵩买通了世宗左右近侍，使他们在世宗面前游说收回河套最终只会惹来无穷的边患。同时，严嵩又贿赂边将，让他们上书诬告夏言受曾铣的贿赂，答应在皇帝面前举荐曾铣。严嵩还在世宗面前说两人夺回河套别有用意，世宗果然相信了。之后，世宗下旨把夏言罢回乡。后来严嵩利用传言，使世宗"得知"夏言毁谤自己，于是下旨将夏言斩首，夏言的亲信也或贬或诛。政敌夏言死后，严嵩当上内阁首辅，独揽大权。此后，世宗把所有朝政事务都交由严嵩管理，除了严嵩、道士和左右近侍外，基本上无人能见世宗一面。

◇机关算尽　孤独终老◇

严嵩的仕途生涯与世宗紧紧相连，他的荣辱兴废都掌握在皇帝一个人的手里。严嵩入阁21年，任首辅15年，除了杨士奇，明朝无人能及。严氏父子奸险误国，早就成为众矢之的，但是世宗却无动于衷。

▲ 严嵩题字

1561年，严嵩的妻子欧阳氏去世，其子严世蕃按旧时礼制应回乡守制三年，虽然皇帝立严嵩的奏请，准许严世蕃留京，但他在居丧期间已不能代父入值理政。此时，严嵩已有80余岁，老朽昏聩，他经常言语不清，前后矛盾，越来越不称世宗的心意，世宗对严嵩渐渐心生不满，后来又听说严世蕃贪虐淫纵，世宗对严氏父子更感厌恶。

这时，严嵩可谓是祸不单行，自己不仅不得皇帝的欢心，还与时任次辅的徐阶发生了斩趋白热化的斗争。徐阶是一个聪明而又有权略的人，他感觉到世宗对严嵩态度的微妙转变，就买通了世宗很信任的一个名叫蓝道行的道士。蓝道行在扶乩的时候，显现出"分宜父子，奸险弄权"的字样，世宗问："上天为何不诛杀他呢？"蓝道行诡称："留待皇帝正法。"世宗心有所动。就在这一年，皇帝居住的万寿宫发生一场大火，皇帝不知以后怎么办，向大臣询问，严嵩竟建议皇帝搬到南宫去住。南宫是旧时英宗被幽锢之所，这对喜欢祥瑞的世宗来讲，真是犯了大忌讳。徐阶迎合皇帝心意，主张重建万寿宫，新宫建成后比先前更巍峨壮丽。这样，徐阶在世宗心目中的地位渐有取代严嵩之势。

▲ 严嵩《百寿图》

▲ 严嵩书法拓片

严嵩失宠后，御史邹应龙闻风而动，上疏弹劾严嵩。1562 年，在徐阶的怂恿下，世宗夺去严嵩一切官职，勒令其回乡，严世蕃谪戍雷州卫。严世蕃在谪戍雷州中途跑回江西老家，1564 年，严世蕃又被御史弹劾。世宗大怒，将严世蕃逮捕下狱。第二年案结，严世蕃被斩，严嵩被削籍为民，家产尽抄，世宗令将籍没的财产一半充边饷，一半入内库。

后来，严嵩只得在祖坟旁搭一茅屋，寄食其中，晚景凄凉无比。1567 年，严嵩在孤独和贫病交加中去世。他死时穷得买不起棺木，也没有吊唁者。临死前，严嵩艰难地写下"平生报国惟忠赤，身死从人说是非"，掷笔而死。同年年底，明世宗也龙驭宾天。

◇寂寞身后　文书传世◇

严嵩是明代嘉靖间的一位大学士，执掌内阁近 20 年。关于他的名号，世人多不陌生。"奸臣"二字为其考语，典籍里、舞台上、屏幕中，他是凶狠贪婪、无恶不作的化身，令千夫所指，万人唾骂。然而撇开奸臣，严嵩也是一位不可多得的学问大家和书法大家。

严嵩一生不仅精熟经史典章，谙习音律诗文，对永字八法也毫不含糊。因为他是奸臣自然他的书法佳作自然也没有得到应有的肯定，甚至连他的作者权都被剥夺。

严嵩在书坛成名，是在他初入翰林院的时候。1505 年，严嵩以二甲第二名的成绩被赐予进士出身。不久又以一首《雨后观芍药诗》入选为翰林院庶吉士。明代的翰林院实际上就是内阁的署衙，内中网罗了天下的许多科举人才，是朝廷的智囊团和书记处。在馆阁的日子里，严嵩的经义文章每每在馆试中列为首选，他的诗词唱酬之作每每在宴集中力拔头筹，于是，人们在欣赏他的文章的同时，又领略了他的

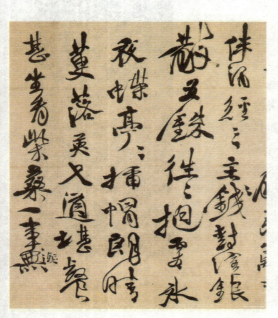

▲ 严嵩书法作品

书法技艺，观其文便可获双重享受。此后，由翰林院而及他曹，由京师而及地方，士林中便多有以得其墨宝为荣者。钤山归隐的八年间，严嵩又精研了许多书法字帖，书法造诣更有精进，当世的一些知名画家每邀他联袂创作，或得一佳作即邀其题署，以为画面增色。北京的老字号"六必居"、天津蓟县的"独乐寺"、山海关的"天下第一关"、山东曲阜的"圣府"等都出自严嵩之手。

▲ "六必居"牌匾（严嵩题写）

严嵩的手书在嘉靖年间便已是不可多得的珍品，当世一些著名的书法家如杨慎、田汝籽、湛若水等对其作品都推崇备至。明武宗朱厚照正德年间，田汝籽提学江西，严嵩尚是一位七品编修，正困卧钤山。田汝籽不以其位卑困顿，亲自造访敝庐，相与评骘风雅。严嵩将钤山所作诗稿精心抄录相赠，田汝籽视其为传家宝，在珍藏了40年后，临终之前转交给其弟田汝米束收藏，田汝米京后来将这些手稿携至京师送严嵩一阅，严嵩复睹旧迹，恍若隔世，再"题田深甫所藏钤山手稿"文并旧稿归之，一时成为书坛佳话。在严嵩的"榜书"作品中，"六必居"最具代表性，这块匾的书体，方严浑阔，笔力雄奇博大，字体丰伟而不板滞，笔势强健而不笨拙，其历史和书法艺术价值极高，是榜书作品中不可多得的珍品。

■历史评价

《明史》称严嵩："无他才略，惟一意媚上，窃权罔利。"这个结论概括出相当一部分事实，但不是全部。《明史》里，严嵩是被列在奸臣传里的。查抄严嵩家时，一共查出来3万多两黄金，200多万两白银。但仅仅说他奸或贪肯定不全面，严嵩的书法也确实不错，什刹海、景山公园、北海、故宫等地都有他的书法作品。

▲ 江西分宜严嵩故居

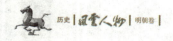
■大事坐标 ┃

年份	事件
1480 年	生于袁州府分宜县。
1516 年	还朝复官。
1528 年	以礼部右侍郎步入上层官僚的行列。
1544 年	首辅翟銮因事削籍，成为首辅。
1562 年	被革去一切官职。
1567 年	在孤独和贫病交加中去世。

■关系图谱 ┃

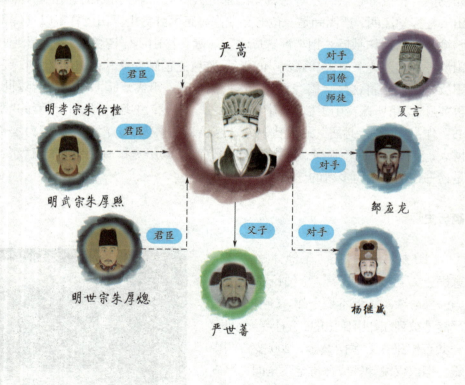

清白尚书

于 谦

■名片春秋 ｜

于谦（1398～1457），字廷益，号节庵，钱塘（今浙江杭州）人，官至少保，世称于少保，明代名臣，民族英雄。明宣宗朱瞻基宣德初年授御史，出按江西，迁兵部右侍郎，巡抚河南、山西。明英宗朱祁镇时召为兵部左侍郎。土木之变，英宗被俘，郕王朱祁钰监国，擢兵部尚书。于谦力排南迁之议，决策守京师，与诸大臣请郕王即位，为明代宗，年号景泰。瓦剌兵逼京师，他身自督战，击退之；论功加封少保，总督军务，终迫也先遣使议和，使太上皇得归。1457年，以"谋逆"罪被冤杀。明孝宗朱佑樘弘治年间谥肃愍，明神宗朱翊钧万历年间改谥忠肃。著有《于忠肃集》。于谦与岳飞、张煌言并称"西湖三杰"。

■风云往事 ｜

◇少年立志 随帝亲征◇

　　于谦少年立志，7岁时，有个和尚惊奇于他的相貌，说："所见人无若此儿者，异日救时宰相也。"12岁时于谦即写下明志诗《石灰吟》。1421年，成为进士。

明宣宗朱瞻基（1398～1435），明朝第五位皇帝。明仁宗朱高炽长子，幼年就非常受祖父与父亲的喜爱与赏识。1425年即位。能倾听臣下的意见，与明仁宗时期并称"仁宣之治"，宣宗时君臣关系融洽，经济也稳步发展。

▲ 于谦夫妇画像

王振（？~1449），明朝时期的宦官，本来是一个教书先生，后来自阉进宫，为明英宗宠信。王振勾结内外官僚，擅作威福，在京城东造豪华府第，大兴土木，逐杀正直官员。蒙古瓦剌部大举入侵，王振鼓动明英宗亲征，行至土木堡（今河北怀来东），被瓦剌兵追至全军覆没，明英宗被俘，王振被明将樊忠锤杀。

1426 年，汉王朱高煦在乐安州起兵谋叛，于谦随明宣宗朱瞻基亲征。待高煦出降，宣宗让于谦数说他的罪行。于谦正词崭崭，声色震厉，朱高煦在这位御史的凌厉攻势下，被骂得抬不起头，趴在地上不停地发抖，自称罪该万死。宣宗大悦，任命于谦为御史，当即下令派其巡按江西。巡按地方正是御史的职责，也不算高升，但皇帝的这一举动明显是想历练此人，然后加以重用。

◇巡按地方　心系百姓◇

于谦外出巡按江西时，帮助使被冤枉的几百名囚犯得以昭雪。他还上书奏报陕西各处官校骚扰百姓，诏令派御史逮捕这些人。宣宗知道于谦可以承担重任，当时刚要增设各部右侍郎为直接派驻省的巡抚，于是亲手写了于谦的名字交给吏部，越级提升他为兵部右侍郎，巡抚河南、山西。于谦到任后，轻装骑马走遍了所管辖的地区，访问父老，考察当时各项应该兴办或者革新的事，并立即上书。一年上书几次，稍有水旱灾害，马上上报。

河南靠近黄河的地方常因水涨冲缺堤岸。于谦令加厚防护堤，计里数设置亭，亭有亭长，负责督促修缮堤岸，又下令打井、种树，此后，榆树夹道，路上再没有干渴的行人。大同远在边塞之外，巡按山西的人难于前往，奏请另设御史管理，并把镇守将领私自开垦的田全部收为官屯，用以资助边防经费。于谦的威望恩德遍布于各地，在太行山的盗贼都逃跑或藏起来了。在职 9 年，他升任左侍郎，领二品官的俸禄。

◇坚毅沉着　英勇御敌◇

1448 年，于谦被召回京，任兵部左侍郎。第二年秋天，也先大举进犯，王振挟持明英宗亲征。于谦和兵部尚书邝埜极力劝谏，英宗不听。邝埜跟随英宗管理军队，留于谦主持兵部的工作。待到明英宗在土木堡被俘，京师大为震惊。

土木堡之变时京师最有战斗力的部队和精锐的骑兵都已失陷，剩下疲惫的士卒不到 10 万，人心震惊惶恐，朝廷上下都没有坚守的信心。于谦请郕王调南北两京、河南的备操军，山东和南京沿海的备倭军，江北和北京所属各府的运粮军，马上开赴京师，依此部署，人心稍为安定。于谦立即被升为兵部尚书。

郕王暂代英宗出朝，廷臣们请求将王振灭门九族。王振的党羽马顺，便出来斥责言官。于是给事中王竑忍不住上前打马顺，大家都跟着他，还把王振别的同党拉到那里打死。朝上秩序大乱，卫卒气势汹汹。郕王害怕得要起来逃跑，为防止锦衣卫报复，于谦推开众人走上前去扶住郕王不要起来，而且告诉郕王宣谕说："马顺等有罪该死，不予追究。"大家才安定下来。吏部尚书王直握着于谦的手叹道："国家正在倚赖你呢，今天虽然一百个王直又有什么作用！"当时，朝廷的人都依赖于谦，于谦亦毅然把国家的安危视为自己的责任。他提出的意见，明代宗（即郕王）全都认真地接纳了。

十月，代宗敕令于谦提督各营军马。也先挟持着太上皇（英宗）攻破紫荆关直入，窥视京师。石亨建议收兵，认为固守使敌兵劳累衰竭。于谦不同意，说："为什么向他示弱，这使敌人更加轻视我们。"马上分别调遣诸将带领 22 万兵士，在九门外摆开阵势。在于谦的带领下，危机很快得以化解。

◇深受信任　刚直遗祸◇

自从土木堡之变以后，于谦发誓与敌人不共戴天。他一向有痰症病，代宗派太监兴安、舒良轮流

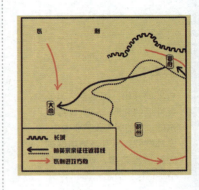

▲ 土木堡之变示意图

北京九门

又名"内九城"，由朝阳门、崇文门、正阳门、宣武门、阜成门、德胜门、安定门、东直门、西直门组成，古代官职"九门提督"中的"九门"正是指这九门。

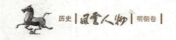

御史

自秦朝开始，御史专门为监察性质的官职，一直延续到清朝。明清时专设监察御史，隶都察院，另有派遣监察御史巡察地方者，明称巡按，清称巡按御史。

▲ 明英宗朱祁镇画像

前往探望。听说他的衣服、用具过于简单，代宗又下诏令宫中造了器具赐给他，所赐东西甚至连醋、菜都有了，又亲自到万岁山，砍竹取汁赐给他。有人说代宗太过宠爱于谦，兴安等说："他日夜为国分忧，不问家产，如果他走了，朝廷到哪里还能找到这样的人？"

代宗很了解于谦，所议论奏请的事没有不听从的。代宗曾经派使者到真定、河间采择野菜，去直沽制造鱼干，于谦上谏后便马上停止。当其决定任用一个人时，一定会悄悄询问于谦。于谦实事求是地回答，没有隐瞒，也不躲避嫌疑怨恨。因此，那些不称职的人都怨恨他，而不像他那样被代宗信用的，亦往往嫉妒他，指责他的人大有人在。各御史多次用苛刻的文辞上奏弹劾他，全靠代宗力排众议，加以任用，他才得以实现自己的计划。

于谦虽然很能干，并且深得代宗的信任，但是他性格很刚直，看不起那些懦怯无能的大臣、勋臣、皇亲国戚，因此憎恨他的人也有很多。徐珵因为提出迁都南京受到于谦斥责，后把名字改为有贞才得到提升进用，经常恨于谦恨得咬牙切齿。石亨本来因为违犯了军法被削职，是于谦请求代宗宽恕了他，让他总理十营兵，但因为害怕于谦不敢放肆，也不喜欢于谦。德胜门一仗的胜利，石亨的功劳并不比于谦大，而得到世袭侯爵，内心有愧，于是上书推荐于谦的儿子于冕。代宗下诏让于冕到京师，于谦推辞，代宗不准。于谦说："国家多事的时候，臣子在道义上不应该考虑个人的恩德。而且石亨身为大将，没有听说他举荐一位隐士，提拔一个兵卒，以补益军队国家，而只是推荐了我的儿子，这能得到公众的认可吗？我对于军功，极力杜绝侥幸，绝对不敢用儿子来滥领功劳。"石亨更是又愧又恨。都督张辄因为征苗时不守律令，被于谦弹劾，因此也很痛恨于谦。

◇力迎英宗 含冤被杀◇

到了八月，太上皇明英宗被留在北方已经一年。也先见朝廷没有什么事端，更想讲和，使者接连前来，提出送回太上皇。大臣王直等商议派使者前往迎接，代宗不悦地说："朕本来不想登大位，当时是被推上来的。"于谦从容地说："帝位已经定了，不会再有更改，只是从情理上应该赶快把他接回来罢了。万一他真有什么阴谋，我就有话说了。"代宗看看他便改变了面色说："听你的吧。"于是先后派遣李实、杨善前往，终于把太上皇接了回来，这是于谦的功劳。

1457 年正月，石亨和曹吉祥、徐有贞阴谋迎接太上皇恢复了帝位，宣谕朝臣以后，立即将于谦和大学士王文逮捕入狱，诬陷于谦等制造不轨言论，欲借此判处于谦死刑。奏疏上呈后，英宗还有些犹豫，说："于谦是有功劳的。"徐有贞进言说："不杀于谦，复辟这件事就成了出师无名。"听闻此话，英宗下定了决心。正月二十三日，于谦被押往崇文门外，就在这座他曾拼死保卫的城池前，得到了他悲惨的结局——斩决。

到抄家的时候，于谦家里根本没有多余的钱财，只有正屋关锁得严严实实。打开一看，都是皇上赐给他的蟒袍、剑器。于谦死的那天，阴云密布，全城的人都认为他是冤枉的。有一个叫朵儿的指挥本来出自曹吉祥的部下，他把酒泼在于谦死的地方，恸哭。曹吉祥发怒，鞭打他，第二天他还是照样泼酒在地表示祭奠。都督同知陈逵被于谦的忠义感动，收敛了他的尸体。过了一年，于谦的尸体送回去葬在杭州。皇太后开始不知道于谦的死，听说以后，

▲ 蟒袍，又被称为花衣，因袍上绣有蟒纹而得名

▲ 浙江杭州西湖区三台山麓于谦墓

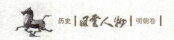

▲ 于谦书法

叹息哀悼了几天。英宗也后悔了。于谦死后，由石亨的党羽陈汝言任兵部尚书。不到一年，其所干的坏事败露，贪赃累计巨万。英宗召大臣进去看，铁青着脸说："于谦在景泰朝受重用，死时没有多余的钱财，陈汝言为什么会有这样多？"石亨低着头不回答。不久边境又有警情，英宗满面愁容。恭顺侯吴瑾在旁边侍候，进谏说："如果于谦在，一定不会让敌人这样。"英宗无言以对。这一年，徐有贞被石亨中伤，充军到金齿口。又过了几年，石亨亦被捕入狱，死于狱中。曹吉祥谋反，被灭族，于谦的冤情这才得以真相大白。

■历史评价

于谦1430年升兵部右侍郎，巡抚山西、河南，整顿军备。1448年升兵部左侍郎。次年秋，明京军主力在土木堡之战中溃败，明英宗被俘，蒙古瓦剌军乘胜进攻京师（今北京）。在此关头，于谦反对迁都，力主抗战，升任兵部尚书，率军击败瓦剌军，取得北京保卫战的胜利。战后，他首创团营军制，加强边戍，委任名将镇守。于谦主张以战求和，多次击败瓦剌军的进攻，迫使其首领也先释放英宗回

石灰吟

于谦
千锤万凿出深山，
烈火焚烧若等闲。
粉骨碎身浑不怕，
要留清白在人间。

朝。1457 年正月中旬 ，英宗借夺门之变重登帝位。二十二日，于谦遭诬陷被害。后沉冤昭雪，赠太傅，谥肃愍，又改谥忠肃。遗有《于忠肃集》。此外，他在文学方面颇有建树，12 岁就吟出了名诗《石灰吟》，在为官任上做了许多利国利民的大事，泽被至今。

■大事坐标▮

1398 年	出生。
1421 年	考中进士。
1426 年	受到宣宗朱瞻基重用。
1448 年	任兵部尚书。
1449 年	取得北京保卫战的胜利。
1450 年	力主迎回英宗。
1457 年	石亨和曹吉祥、徐有贞迎接英宗恢复了帝位，将于谦下狱。同年被杀。

■关系图谱▮

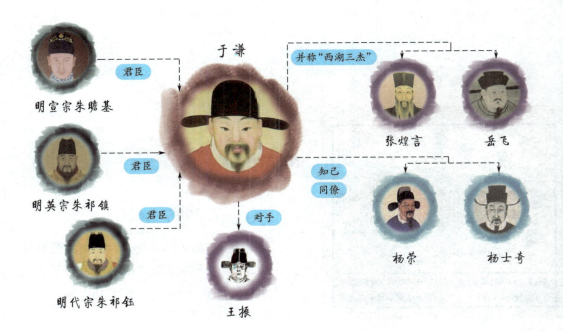

79

抗清名将

袁崇焕

■名片春秋 I

袁崇焕（1584～1630），字元素，号自如，广西藤县人，1619年中进士。明末著名政治人物、文官将领。入兵部，守卫山海关及辽东；指挥宁远之战、宁锦之战，但不救朝鲜，擅杀大将乃触兵家大忌，后被崇祯帝以诛杀毛文龙、己巳之变护卫不力以及擅自与后金议和等罪名正法。袁崇焕曾为魏忠贤建祠，大学士韩爌云：“亦俱建祠，但与诸奸宜减等论。”

▲ 明末辽东形势示意图

■风云往事 I

◇初掌大权◇

袁崇焕于1619年中进士，任福建邵武知县。1622年，任兵部职方司主事，同年单骑出关考察关外，还京后自请守卫辽东，筑古宁远城（今辽宁兴城）卫戍。

1626年，清太祖努尔哈赤攻宁远城，

袁崇焕因其守城有功，官升至辽东巡抚，后因重大过失被人弹劾去职。熹宗崩，思宗即位，魏忠贤见诛。朝臣纷请召袁崇焕还朝。1628年，袁崇焕被任命为兵部尚书兼右副都御史，督师蓟、辽，兼督登、莱、天津军务。七月，思宗召见崇焕。崇焕称可五年平辽，并疏陈方略。崇祯帝大喜，赐崇焕尚方宝剑。

▲ 锦州古城

◇斩杀毛文龙◇

1629年，袁崇焕与内阁辅臣钱龙锡谈到平辽事宜，认为毛文龙"可用则用之，不可用则杀之"，主张"先从东江做起"，集中精力对付毛文龙。袁崇焕到任后，废除对蒙古所实施的后金人头悬赏，这直接导致蒙古各部落倒向后金；擅自派人与后金讨论议和一事；与蒙古进行互市，使大批军粮流向后金，缓解了后金战略物资的紧张状况；断绝对东江军的粮草军饷供应，使东江军逐步丧失了对后金的进攻能力。七月二十四日，袁崇焕为了促成议和，借口阅兵约见毛文龙，当众宣布毛文龙12大罪状，以尚方宝剑杀死同样持有尚方宝剑的毛文龙于皮岛（今朝鲜椵岛），从而导致东江军叛变并投往后金，使登莱巡抚袁可立等前任经营数年的登莱防务瓦解殆尽，从而解除了后金大举攻明

▲ 辽宁丹东大鹿岛毛文龙碑亭

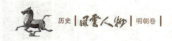
满桂（1594~1630），蒙古族，宣府（今张家口宣化）人，明末抵抗后金的名将。从小练习骑射，历任游击、参将等职。1624年署总兵衔，是"宁远之战""宁锦之战"的明军主要统帅，功勋卓著。1630年，在保卫北京的战斗中壮烈殉国。

的后顾之忧。

1629年十月，发生"己巳之变"。后金皇太极率10万清兵绕境蒙古，由喜峰口攻陷遵化，兵临北京城下，北京戒严。崇祯帝命令各地勤王，孙承宗全权负责北京防御。袁崇焕带关宁军赶赴北京后，受命代替孙承宗全权负责。袁崇焕错误地将勤王军刘策调至密云、通州，守将尤世威调至昌平，北京城下只余关宁军，致使后金军在毫无阻挡的情况下顺利通过军事重镇蓟镇、通州一线，抵达北京城下。袁崇焕率关宁军在北京城下旁观坐看将军满桂与后金军血战，自己不派一兵一卒。满桂兵败，向关宁军靠拢过程中被袁崇焕的关宁军以箭射退。满桂愤而入城，面告崇祯皇帝，并以关宁军之箭证之。袁崇焕的种种举动，引发北京城内军民的极度不满，文臣纷纷向朝廷告状：袁崇焕名为入援，却听任敌

▲ 北京东城区东花市斜街袁崇焕墓

骑劫掠焚烧民舍，不敢一矢相加，城外园亭庄舍被敌骑蹂躏殆尽。十一月二十三日，崇祯帝令袁崇焕与满桂当面对质，袁崇焕不能作答，崇祯帝大怒，遂将其下狱。袁崇焕部下祖大寿闻讯，率军返回山海关，被崇祯帝勒令召回。

◇身后纷争◇

世传皇太极施反间计，捕捉两名明宫太监，然后故意让两人以为听见后金将军之间的耳语，谓袁崇焕与满人有密约，皇太极再放其中一名太监回京。崇祯皇帝中计，认为袁崇焕谋反。

1630年，袁崇焕被以"付托不效，专恃欺隐。以市米则资盗，以谋款则斩帅；纵敌长驱，顿兵不战；援兵四集，尽行遣散；及兵薄城下，又潜携喇嘛，坚请入城"的确凿罪名"磔"死。

■历史评价 |

袁崇焕为抗清名将，虽死于国法，但其战绩、功劳不应被埋没。区区一个被合法程序正法的罪臣袁崇焕远远解释不了明朝的败亡这个课题。如果非要解释，那只能说崇祯皇帝正法袁崇焕是对他误用袁崇焕的一个超强纠错过程，如果没有崇祯帝对袁崇焕的误用，客观上可能对明朝江山的维护和延续更有益处。毕竟东江军的大举哗变、属国朝鲜的丢失是袁崇焕直接造成的，明朝的海防从此瓦解。

▲ 海南琼海"聚奎塔"塔额（袁崇焕题写）

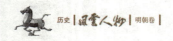

■大事坐标 |

1584 生 出生。

1619 年 中进士，任福建邵武知县。

1626 年 清太祖努尔哈赤攻宁远城，取得宁远大捷。

1629 年 发生"己巳之变"，率兵进京。

1630 年 被崇祯帝所杀。

■关系图谱 |

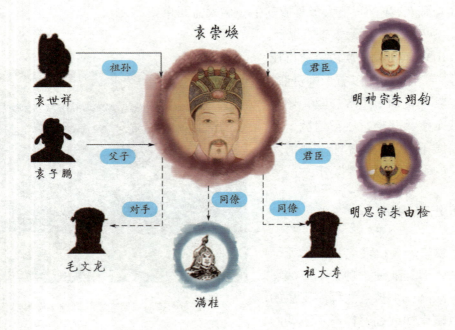

中兴栋梁

张居正

■ 名片春秋 ｜

张居正（1525～1582），字叔大，少名张白圭 又称张江陵，号太岳，谥号文忠 ，赠上柱国。明代政治家、改革家，中国历史上优秀的内阁首辅之一。

■ 风云往事 ｜

◇少年成名　天资聪颖◇

1525 年，张居正出生于湖北一位秀才家中，出生时他的曾祖父做了一个关于白龟的梦。梦中的月亮落在水瓮里，照得四周一片光明，然后一只白龟从水中悠悠地浮起来。曾祖父认定白龟就是这小曾孙，于是信口给他取了个乳名"白圭"，希望他来日能够光宗耀祖。

张居正聪颖过人，很小就成了荆州府远近闻名的神童。12 岁时报考生员，其机敏伶俐深得知府怜爱，嘱咐他一定要从小立大志，长大后尽忠报国，并替他改名为居正。1547 年，张居正中进士，在翰林院师从内阁重臣徐阶学习治国安邦的学问，为他

▲ 湖北荆州张居正故居内
张居正塑像

▲ 明神宗朱翊钧画像

鞑靼

明朝人把退据蒙古高原的北元政权及其治下的蒙古族称为鞑靼。后来鞑靼政权灭亡，但鞑靼一词作为对中国北方游牧民族的泛称却流传了下来，这一称呼也传到西方，蒙古军西征，西方人即称他们为鞑靼。

日后走上政治舞台打下了坚实的基础。

◇励精图治　富国强兵◇

1567 年张居正被提拔为吏部左侍郎兼东阁大学士。同年四月，又改任礼部尚书、武英殿大学士。几年后，穆宗病亡，年仅 10 多岁的神宗继位，张居正得到皇室的信任，成为首辅，一心一意推行新政。

政治上，他实行"考成法"，明确职责，以"课吏职"即加强官吏考核为手段，"斥诸不职"，"省冗官"，淘汰并惩治了一批官员。他以六科控制六部，再以内阁控制六科。对于要办的事，从内阁到六科，从六科都到衙门，层层考试，做到心中有数。执行起来，他赏罚分明。朝廷的号令得到有效贯彻，行政效率大大提高。当时天下一片太平景象，当遇到盗贼群起，甚至抢劫官府库房这类事情时，地方政府通常隐瞒不上报。张居正下令如有隐匿不报者，即使循良的官吏也必撤职。此后，地方官再不敢掩饰真情，抓到强盗，当即斩首处决，并追捕他们的家属，盗贼因此衰败。

经济上，采取的主要措施有减少土地用度，清查土地，改革赋税；加强对官吏的考核，裁减冗员，节省朝廷的俸禄开支；通过与鞑靼人修好，通贡互市，保持边境安定；以各种途径削减朝廷的军费开支。在张居正的力争下，还停止重修慈庆、慈宁二宫及武英殿，停输钱内库供赏，节省服御费用，减苏松应天织造等，使统治者的奢侈消费现象有所收敛。张居正还下令重新丈量全国土地，清查漏税的田产，大大增加了朝廷税收，更为推行"一条鞭法"的赋税改革创造了条件。"一条鞭法"是中国田赋制度史上继唐代两税法之后的又一次重大改革，它简化了赋役的项目和征收手续，改变了当时极端混

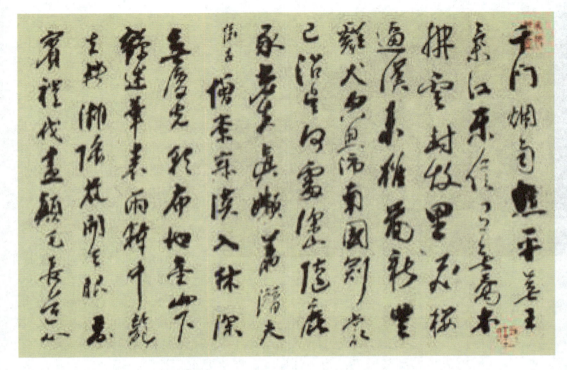

▲ 张居正手札(局部)

乱、严重不均的赋役制度，减轻了农民的不合理赋
役负担，限制了官吏的舞弊，特别是取消了苛重的
力差，使农民有较多时间从事农业生产。张居正还
通过多种渠道设法减轻人民的赋役负担，有时直接
提出减免人民的税负。1582 年，随着清丈田亩工作
的完成和"一条鞭法"的推行，明朝的财政状况有
了进一步的好转，朝廷库存的白银和粮食足够用 10
年，于是张居正建议免去各省拖欠的税赋。另外，
张居正还反对传统的"重农轻商"观念，也反对随
意增加商税，侵犯商人利益。这些做法顺应了历史
的发展潮流，在一定程度上减轻了百姓的负担，对
历史的发展起了积极的推动作用。

军事上，张居正任用戚继光镇蓟门（今河北迁
西西北），李成梁镇辽东（今辽宁辽阳），又在东起
山海关，西至居庸关的长城上加修"敌台"3 000 多

▲ 湖北荆州张家台张居正墓

座,加强北方的防备。1571 年,穆宗在张居正等人的力劝下,诏封俺答汗为顺义王,并在沿边三镇开设马市,与鞑靼进行贸易。他又在大同、宣府、甘肃等地立茶马互市,保持贸易往来,此后俺答汗很久没有侵扰边疆。北部边防的巩固使张居正可以专注于国内内政。

▲ 湖北荆州张居正故居

◇繁华过后　黯然谢幕◇

1582 年,张居正病逝,反对他的人开始反攻了。一方面张居正的改革触犯了很多人的利益,反对派把矛头对准了张居正的"一条鞭法",促使神宗下令取消了"一条鞭法";另一方面,张居正自身也存在很多问题,他乘坐的轿子由 32 人抬,而张居正在为帝师期间高严格要求明神宗,告诫其不能奢侈。张居正死后,却有人告发他家财万贯,神宗皇帝得知后自然是勃然大怒,自己十年以来过得清苦寒酸,而张居正作为臣子,却能如此奢华,于是派人查抄其家产。

神宗下诏抄了张居正家,并把其子弟全发配到"烟瘴地面",张居正长子自尽。从此神宗开始全面废除万历新政的政令,万历新政彻底失败。直到 1622 年,明熹宗朱由校想起昔日的大功臣张居正,想恢复他的名誉,然而一切为时已晚,张居正的改革成果早已荡然无存。

■历史评价 ▏

张居正推行的改革在一定程度上缓解了国内的阶级矛盾和民族矛盾。他的经济改革增加了明朝的收入,为万历年间资本主义萌芽的进一步发展打下了良好的基础。在军事上巩固了北部边疆,巩固长城,这使得明末孙承宗等一批名将能够凭借长城抵御后金的进犯。而清朝直到明朝的最后几年才通过绕道首次突破长城,进犯北京。政治上整肃吏治,要求官员安民、劝农,使得百姓能够较为安心的从事农业生产。神宗断送张居正改革的行为后,过了多年苦日子的官员开始肆无忌惮地贪污腐败、以权谋私,而朝纲也逐渐倒退回嘉靖时政令不通的糟糕状态。神宗在丸政期间大肆搜刮民财，囤积金银，兼并土地，上下成风，加剧了通货膨胀，使得普通民众生活更加困苦，最终导致崇祯年间的财政全面崩溃。

■大事坐标 |

1525 年　生于荆州府江陵县(今湖北荆州)。
1547 年　中进士，由编修官至侍讲学士令翰林事。
1567 年　任吏部左侍郎兼东阁大学士。
1578 年　以福建为试点，清丈田地。
1581 年　在全国推行一条鞭法。
1582 年　卒，死后赠上柱国，谥文忠。

■关系图谱 |

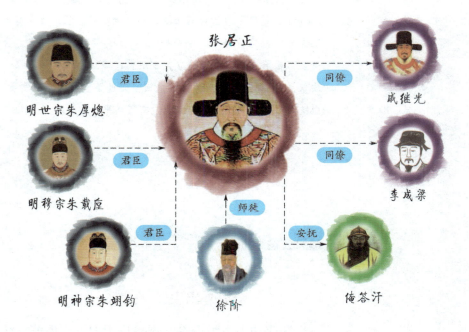

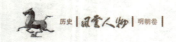

民族英雄

郑成功

■名片春秋 |

郑成功（1624～1662），本名森，又名福松，字明俨，号大木，福建南安石井镇人。明末清初军事家，民族英雄。南明弘光时监生，隆武帝赐姓朱，并封忠孝伯，被称为"国姓爷"。清兵入闽，其父郑芝龙迎降，他哭谏不听，起兵抗清。后与张煌言联师北伐，震动东南。郑成功一生抗清驱荷，以赶走荷兰殖民主义者、收复祖国领土台湾的业绩被载入史册。1661年，他率军渡过台湾海峡，在台湾南部登陆，攻克荷兰殖民者的巢穴赤嵌城（今安平）。次年，荷兰总督投降，台湾重归祖国。他在台湾建立行政机构，建立台湾第一个汉人政权，史称明郑时期；他推行屯田，促进了当地的经济发展，海峡两岸均为其立像树碑纪念。有《延平王集》存世。

■风云往事 |

◇海外出生　文武双全◇

郑成功出生于日本九州平户川内浦千里滨。父亲郑芝龙为海商及海盗之首领，在中国东南沿海及日本、台湾、菲律宾等海域拥有极大势力。郑成功母亲是日本人，6 岁之前跟随母亲住在平户，直到父亲郑芝龙受大明朝廷招安任官之后，郑成功才被接回泉州府南安县石井津居住读书，该处现为成功小学校址。

▲ 福建泉州大坪山郑成功雕像

郑成功小时候，既爱习武，又迷读书。可是，他的父亲、福建总兵郑芝龙，却一心一意要把他培养成武将，以便将来能承袭爵位。一次，郑芝龙父子在幕僚宾友的陪同下，乘着一只官船，在五马江上游览。船内吹箫弹琴，猜拳行令，好不热闹！郑成功却无心玩赏。他坐在角落里，聚精会神地读书。郑芝龙看了，不便直说，吆喝一声："升帆！"帆升起来了，风儿将它吹得满满的，船就像一支离弦之箭，"嗖嗖"地向前飞去。郑芝龙又叫了声儿子，说："我出个对子，你对对看。""请父亲出上联。"郑成功抬起头来。"你看对面那只舢板，尽管渔民拼命摇橹，可怎么也赶不上我们，所以我以为：'两舟并行，橹速不如帆快'——这就是上联。"

郑芝龙出的这个上联，实在不好对呀！原来他语带双关，表面上说是拼命摇橹不如升起船帆，实际上"橹速"是影射周瑜的谋士鲁肃，"帆快"是隐喻刘邦的武将樊哙，其真意是"文官不如武将"。要找到两个历史人物，又利用谐音，完成这个对偶句，实在不易呀！但郑成功聪敏过人，很快就想出了下联："八音齐奏，笛清难比箫和。"语音一落，满座叫绝。原来这也是个双关语，表面上说是笛声清脆但比不上箫声和谐，实际上"笛清"暗指宋仁宗驾下的大元帅狄青，"箫和"暗指协助刘邦治国平天下的丞相萧何，其真意是"武将难比文官"。

在众人的赞叹声中，郑芝龙暗暗感到自己以前的做法似有不妥。从此，他再也不干涉郑成功攻读诗书了。郑成功一边读书，一边习武，终于成为赫赫有名的文武全才。

◇父子反目　矢志抗清◇

郑成功是明清之际民族英雄。弘光时监生，隆武帝赐姓朱，并封忠孝伯，这也就是俗称他"国姓爷"的由来。清兵打到福建时，他的父亲郑芝龙贪图富贵，

▲ 日本平户郑成功儿诞石

▲ 郑成功收复台湾

▲ 郑成功收复台湾示意图

抛弃了隆武帝，向清朝投降。当时郑成功是个才22岁的青年将领。郑芝龙投降清朝的时候，郑成功苦苦劝阻他父亲。后来，他见父亲执迷不悟，气愤之下，就自己跑到南澳岛，招募了几千人马，誓死坚决抗清。清朝知道郑成功是个能干的将才，几次三番派人诱降，都被郑成功拒绝。清将又派他弟弟带了郑芝龙的信劝他投降。他弟弟说："你如果再不投降，只怕父亲的性命难保。"

郑成功坚决不动摇，写了一封回信，跟郑芝龙决绝。

郑成功兵力渐渐强大起来，在厦门建立了一支水师。他与抗清将领张煌言联合，乘海船率领水军17万人开进长江，分水陆两路进攻南京，一直打到南京城下。但是清军用假投降的手段欺骗他，郑成功中了清军的计，最后打了败仗，又退回厦门。

郑成功回到厦门，清军已经占领福建大部分地方，他们用封锁的办法，让福建、广东沿海百姓后撤 40 里，欲断绝对郑军的供应，困死郑成功。郑成功在那里招兵筹饷都遇到困难，就决定向台湾发展。

◇为国驱夷　收复台湾◇

台湾自古以来就是我国的领土。明朝末年，欧洲的荷兰人趁明王朝腐败无能，霸占了台湾的海岸，修建城堡，向台湾人民勒索苛捐杂税。台湾人民不断反抗，遭到了荷兰侵略军的镇压。

郑成功少年时期就跟随他父亲到过台湾，亲眼看到台湾人民遭受的苦难，从小立志收复台湾。这一次，他下决心赶走荷兰侵略军，命令将士修造船只，收集粮草，准备渡海。

恰好此时，在荷兰军队里当过翻译的何廷斌赶到厦门见郑成功，劝郑成功收复台湾。他说，台湾人民受侵略军欺侮压迫，早就想反抗了。只要大军一到，一定能够把敌人赶走。何廷斌还送给郑成功一张台湾地图，把荷兰侵略军的军事部署悉数告诉了郑成功。郑成功有了这个可靠的情报，进攻台湾的信心就更足了。

1661 年，郑成功令其子郑经带领一部分军队留守厦门，自己则亲率 2.5 万名将士，分乘几百艘战船，浩浩荡荡从金门出发。他们冒着风浪，越过台湾海峡，在澎湖休整几天，准备直取台湾。这时候，有些将士听说西洋人的大炮厉害，有点害怕。郑成功把自己乘坐的战船排在前面，鼓动将士说："荷兰人的红毛火炮没什么可怕，你们只要跟着我的船前进就是。"

荷兰侵略军听说郑军要进攻台湾，万分

荷兰

全称尼德兰王国，位于欧洲西北部，濒临北海，与德国、比利时接壤。荷兰以海堤、风车和宽容的社会风气而闻名，有着繁荣和开放的经济。16 世纪初受西班牙统治，1648 年西班牙正式承认荷兰独立。17 世纪曾为海上殖民强国，继西班牙之后成为世界上最大的殖民国家。

▲ 郑成功画像

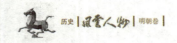
惊慌。他们把军队集中在台湾（在今台湾东平地区）和赤嵌（在今台南地区）两座城堡，还在港口沉了好多破船，想阻挡郑成功的船队登岸。

郑成功令何延斌领航，利用海水涨潮的时机，驶进了鹿耳门，登上台湾岛。

台湾人民听到郑军来到，成群结队推着小车、提水端茶迎接他们。躲在城堡里的荷兰侵略军头目气急败坏地派了100多名兵士冲来，郑成功一声号令，把敌军紧紧围住，杀了一个敌将，敌兵也溃散了。

侵略军又调动一艘最大的军舰"赫克托号"，张牙舞爪地开了过来，阻止郑军的船只继续登岸。郑成功沉着镇定，指挥他的60艘战船把赫克托号围住。郑军的战船小，行动灵活。郑成功号令一下，60多艘战船一齐发炮，"赫克托号"被打中起了火。大火熊熊燃烧，把海面照得通红。"赫克托号"渐渐沉没，还有三艘荷兰船一看形势不妙，吓得掉头就逃。

荷兰侵略军遭到惨败，龟缩在两座城里不敢应战。他们一面偷偷派人到巴达维亚（今爪哇）去搬救兵，一面派使者到郑军大营求和，称只要郑军肯退出台湾，他们宁愿献上10万两白银慰劳。

郑成功扬起眉毛威严地说："台湾本来是中国的领土，我们收回这地方是理所当然的事，你们如果赖着不走，就把你们赶出去！"

郑成功喝退荷兰使者，派兵猛攻赤嵌。赤嵌的敌军还在顽抗，一时攻不下来。有个当地人给郑军出个主意说，赤嵌城的水都是从城外高地流下来的，只要切断水源，敌人就不战自乱。郑成功按这个办法照做，不出三天，赤嵌的荷兰人果然乖乖地投降。

盘踞台湾城的侵略军企图顽抗，等待救兵。郑成功决定采取长期围困的办法逼他们投降。在围困8个月之后，郑成功下令向台湾城发起强攻。荷兰侵略军走投无路，只好扯起白旗投降。1662年初，侵略军头目被迫在投降书上签字，灰溜溜地离开了台湾。

■历史评价 I

郑成功是我国著名的民族英雄，他打击外国侵略者，安抚当地民众，发展当地经济，为促进民族融合、团结民族关系做出了应有贡献。他扩展了东南亚商业贸易，帮助保护华人在海外经商时的人身及财产安全。1657年，他在得知菲律宾华侨的艰苦处境后，曾经致函给爪哇岛

▲ 台湾台南郑氏家庙

的一位华侨甲必丹，要求他停止与菲律宾的西班牙殖民者进行贸易往来。郑成功曾多次对菲律宾华侨表示关切，并提出要率兵攻取菲律宾，以惩罚西班牙人。后因各种原因而作罢。郑成功是中华民族的英雄，如今他的后人遍布东南亚地区，日本也有分布。

■大事坐标 ｜

1624 年	出生。
1638 年	考中秀才，又经考试成为南安县 20 位"廪膳生"之一。
1644 年	为求深造进入南京国子监就读，拜入江浙名儒钱谦益门下。
1645 年	得到隆武帝赏识，赐国姓，改名"成功"，人称"国姓爷"。
1646 年	开始领军，多次奉命进出闽、赣与清兵作战。
1647 年	在烈屿（小金门），以"忠孝伯招讨大将军罪臣国姓"之名誓师反清。
1649 年	改奉永历年号为正朔。后永历帝册封他为延平王，故亦有称其为郑延平。
1662 年	收复台湾。不久，急病而亡。
1699 年	迁葬南安祖墓。

■关系图谱 ｜

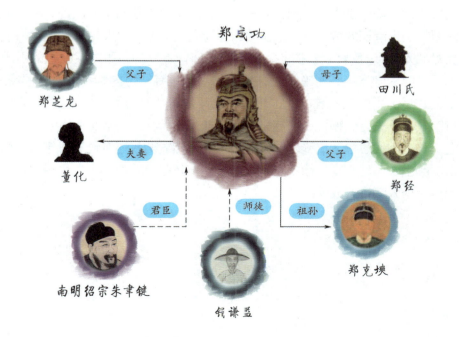

郑成功

郑芝龙 —— 父子 ——→ 郑成功 —— 母子 ——→ 田川氏

郑芝龙 —— 夫妻 —— 董化

郑成功 —— 父子 ——→ 郑经

董化 —— 君臣 ⇢ 郑成功

钱谦益 —— 师徒 ⇢ 郑成功

郑经 —— 祖孙 —— 郑克塽

郑成功 —— 祖孙 ——→ 郑克塽

南明绍宗朱聿键

钱谦益

郑克塽

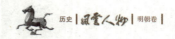

第二编

思想文化篇

明朝思想界灿若星河。可以说，自秦汉以后，明朝是中国历史上思想界最为活跃开放的一个朝代。其诞生的思想家无论数量还是质量，都是中国历史上的高峰，也许只有百家争鸣的春秋战国时期，才可以与之相提并论。明朝时，思想巨人频现，王廷相与王阳明是两大并立的代表，他们一个是彻底的唯物主义者，另一个是主观唯心主义者，两人观点互相对立，但都极具革新性和开放性，又生活在同一年代，称得上是双峰对峙。王阳明的两大弟子王艮和王畿也是两大并立的思想巨人，两人门徒无数。一个开创了王学左派，使得王阳明的思想平民化；另一个则从理论上对王阳明的思想进行了更彻底和系统的阐发。

随着商品经济的发展，封建制度渐趋衰落。早期的民主启蒙思想也在潜滋暗长。李贽是师从王艮的泰州学派，但他又受到王畿很大的影响。李贽指责儒家经典并非"万世之至论"，否定孔子是"天生圣人"。他揭露道学的虚伪，反对歧视妇女和压抑商人。李贽是我国反封建的思想先驱，他的思想在一定意义上反映了资本主义萌芽时代的要求，带有民主性的色彩。

到明末，出现了综合王廷相、王阳明以及王畿学派、王学左派等人思想大成的黄宗羲、王夫之、顾炎武三巨头，其中对封建君主专制进行激烈批判的要数明末清初的黄宗羲。他认为君主专制是"天下之大害"；提倡"法治"，反对"人治"；反对重农抑商，提出"工商皆本"的主张。黄宗羲的思想震动了当时的学术界，对晚清民主思潮的兴起也有一定的影响。他与顾炎武、王夫之提出了比较系统的民主思想，尤其是其"君为天下之大害"的观点。黄宗羲、王夫之、顾炎武的启蒙思想绝非是由于一时的战乱而突发灵感，完全是整个明代思想各流派发展的逻辑上的必然。明代还有许多思想家，如陆楫、颜山农、何心隐、徐光启及李贽的朋友焦弦等，他们也在思想文化领域取得了令人瞩目的成就。

情真教化

冯梦龙

■名片春秋 ｜

冯梦龙（1574 ～ 1646），字犹龙，又字子犹，号龙子犹、墨憨斋主人、顾曲散人、吴下词奴、姑苏词奴、前周柱史等，南直隶苏州府（今江苏苏州）人。明代文学家、戏曲家。他的作品比较强调感情和行为，最有名的作品为《喻世明言》（《古今小说》）、《警世通言》《醒世恒言》，合称"三言"。三言与凌濛初的《初刻拍案惊奇》《二刻拍案惊奇》合称"三言二拍"，是中国白话短篇小说的经典代表。

■风云往事 ｜

◇仕途漫漫◇

　　1574 年冯梦龙生于南直隶苏州府（今江苏苏州）。他在童年和青年时期把大部分精力放在诵读经史以应科举上。然而他的科举道路却十分坎坷，屡试不中，后来在家中著书。因热恋一个叫侯慧卿的歌妓，他与苏州的茶坊酒楼下层生活频繁接触，为他的民间文学创作提供了第一手的资料。他的《桂枝儿》《山歌》民歌集就是在那时创作的。由此可以

▲ 福建寿宁冯梦龙像

▲ 杜十娘怒沉百宝箱

看出，冯梦龙的志向并不在功名，在那个以功名作为成功标准的时代，他的行为无疑被视作是不合常态的。

1630年冯梦龙才被补为贡生，次年破例授丹徒训导。1634年，他升任福建寿宁知县，四年以后回到家乡。在天下动荡的局势中，清兵南下时，已是70岁高龄，仍奔走反清。他的仕途之路步履维艰，却为其写作奠定了基础。

◇用笔描述社会◇

冯梦龙通过作品，塑造了众多的特色人物，表现了那个时代的爱情、友情、价值观。他通过动人的爱情故事，描写了被压迫妇女追求幸福生活的愿望，抨击了封建制度对妇女的压迫。《杜十娘怒沉百宝箱》是其中最优秀的一篇，也是明代拟话本中成就最高的作品。小说塑造了一个光辉的女性形象——杜十娘。她是京城的"教坊名姬"，为了摆脱非人的境遇，她迫切要求"从良"。当她相信李甲的爱情后，与贪酷的鸨母展开了种种斗争，终于凭借自己的机智，跳出了火坑。但在她和李甲一起回家的途中，李甲竟在金钱引诱和个人利益考虑下，把她出卖给富商孙富。杜十娘义愤填膺，在痛骂李甲之后，就抱持宝匣，投身于滚滚波涛之中，用自己的青春和生命控诉这个罪恶的社会，维护了她对爱情的忠贞。尤为重要的是，在作品中，小商人已作为正面人物被作者加以大力肯定和歌颂，并通过生动的情节宣扬了在婚姻和爱情问题上，可贵的不是金钱、门第、等级，而是彼此知心如意、相互尊重。体现了市民思想的进步性。

此外，《王娇鸾百年长恨》描写贵族小姐王娇鸾和负心汉周廷章之间的爱情悲剧；《玉堂春落难逢夫》描写了妓女玉堂春和贵族公子王景隆之间一段悲欢离合的故事，反映了下层妇女被人摧残的悲惨境遇；《宋小官团圆破毡笠》赞扬了刘宜春对宋金坚贞不渝的爱情；《金玉奴棒打薄情郎》批判了莫稽的富贵易妻，这些作品广为流传，影响很大。

冯梦龙作品中描写封建统治阶级内部斗争，表达了人民对封建统治者罪恶的愤怒谴责。明中叶后，封建统治阶级愈加腐朽，统治集团内部的斗争也更激烈，这成为这些作品创作的现实土壤。《沈小霞相会出师表》就是直接反映当时统治阶级内部忠奸斗争的作品。小说写忠言直谏、疾恶如仇的沈链与权奸严嵩父子及其党羽之间的斗争，基本情节都有史实依据。小说热情地歌颂了支援沈莲父子斗争的贾石和冯主事，塑造了沈小霞妾闻淑英的形象，她是个有远见卓识的妇女，在危难中协助丈夫机智地逃出了解差的手掌。作品反映的虽然是封建统治阶级内部的斗争，但对封建统治者的揭露和批判却极为深刻。表达了当时人民群众反抗封建压迫的心声。

这类作品的出现，说明了当时政治的黑暗，社会风气的恶劣；也反映了城市工商业的繁荣，市民阶层的壮大。这些作品中所描写的"友谊"，虽然还不能算是新的东西，但体现这种"友谊"的主人公并不局限于封建文人，也出现了手工业者，这是一种新的现象，在一定程度上反映了时代的特征。《施润泽滩阙遇友》就是描写两个小手工业者之间友谊的作品。此外，《吴保安弃家赎友》描写吴保安与郭仲翔之间生死不渝的情谊。

"三言"中的拟话本在艺术上仍保持不少话本的特色。但它是文人创作，主要供案头阅读的，因而又有自己的特点。比起话本来，它们的篇幅大大加长，主题思想比较集中，情节也更为曲折，尤其在人情世态的描绘上比话本丰富了许多。这在《乔太守乱点鸳鸯谱》《张廷秀逃生救父》《一文钱小隙造奇冤》等作品中表现得很突出。而在细节描写和人物内心活动的刻画上，也更趋于丰富、细腻。小说的矛盾冲突一般不如话本的直接尖锐，语言上文言成分增多了，虽然比较简炼流畅，但没有话本的语言鲜明生动。

◇冯梦龙的爱情◇

明末的妓女享有极大的殊荣。文人争相与之结交，千金买笑，引以为荣。那时的妓女，在一个朝代更替之际，甚至比那些文人才子更具备勇气与才气。

冯梦龙既同情这些女子，又佩服这样的女子，认为她们被卖入青楼也是身不由己。但她们琴棋书画样样精通，一点儿不比大家闺秀差。加之在那个环境中能与一些有识之士交往，甚至比寻常女子还有见识。

相比秦淮八艳，侯慧卿名不见经传。但就爱情方面，却一点儿不逊于她们。虽然现存资料不多，但从冯梦龙的诗作中能看出他对侯慧卿的用情之深。侯慧卿从良后曾说，"子犹自失慧卿，遂绝青楼之好"，这用情就不是一般文人游戏之作可比。终是后悔啊，"早知这般冤债谁肯惹？"至情的结果是多情反被无情恼，大病一场后，敌不过相思无可奈何，也不过是"单相思万万不值半文钱"。

不能娶意中人，就写下大量的诗歌散曲来怀念。冯梦龙在《挂枝儿》卷二《感恩》篇附记："余有忆侯慧卿诗三十首，末一章云：诗狂酒癖总休论，病里时时昼掩门。最是一生凄绝处，鸳鸯冢上欲招魂。"可以说冯梦龙与侯慧卿的爱情无疾而终，留下了终生遗憾。

■历史评价

冯梦龙是明末著名的爱国文学家，曾为反清复明积极奔走，终以失败告终。然而冯梦龙的最高成就主要在文学戏曲领域，主要有话本类、民歌类、笔记小品类、散曲诗集类，最为有名的是"三言"、《智囊》等著作。这些著作不仅在当时为人们所津津乐道，即使在今天也算得上是上乘佳作。这些作品向外展示了一个东方大国的景象，其作品传播到海外，受到众多国外文学家的喜爱，如法国的巴维尔、德国的席勒。冯梦龙在文学上主张"情真"。此外，他强调文学作品的通俗性，

▲ 冯梦龙画像

认为作品通俗易懂才具有艺术感染力；主张文学的教化作用，主张把社会教化的内容与通俗易懂的形式结合起来。在他的作品中都体现了这些主张。冯梦龙以其对小说、戏曲、民歌、笑话等通俗文学的创作、搜集、整理、编辑，为我国古典文学的发展做出了独有的贡献。

■大事坐标 |

1574 年 生于南直隶苏州府吴县。
1630 年 补为贡生。
1634 年 升任福建寿宁知县。
1646 年 忧愤而死，一说被清兵所杀。

■关系图谱 |

冯梦龙

君臣 —— 明思宗朱由检

恋人 —— 侯慧卿

兄弟 —— 冯梦雄、冯梦桂

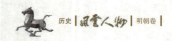

兴亡有责

顾炎武

■名片春秋 ┃

顾炎武（1613～1682），本名继坤，改名绛，字忠清；南都败后，改炎武，字宁人，号亭林，自署蒋山俑，南直隶苏州府昆山（今属江苏）人。著名思想家、史学家、语言学家，与黄宗羲、王夫之并称"明末清初三大思想家"。明季诸生，青年时发奋学习经世致用之学，并参加昆山抗清义军，败后漫游南北，曾十谒明陵，晚岁卒于曲沃。其学问渊博，于国家典制、郡邑掌故、天文仪象、河漕、兵农及经史百家、音韵训诂之学都有研究；晚年治经重考证，开清代朴学风气。其学以博学于文，行以有耻为主，合学与行、治学与经世为一。诗多为伤时感事之作。

■风云往事 ┃

◇书香门第　特立独行◇

　　顾炎武出生于昆山千灯镇，原为顾同应之子，曾祖顾章志。顾氏为江东望族，徐乾学、徐秉义、徐元文三人是顾炎武的外甥。顾炎武过继给去世的堂伯顾同吉为嗣，寡母是王逑之女，16岁未婚守节，"昼则纺织，夜观书至二更乃息"，独力抚养顾炎武成人，教以岳飞、文天祥、方孝孺忠义之节。顾炎武14岁取得诸生资格后，便与同里挚友归庄共入复社。二人个性特立耿介，时人号为"归奇顾怪"。顾炎武以"行己有耻""博学于文"为学问宗旨，屡试不中，"感四国之多虞，耻经生之寡术"，以为"八股之害，等于焚书；而败坏人才，有盛于咸阳之郊"，自27岁起，断然弃绝科举

▲ 道光年间成都敷文阁活字印刷版《天下郡国利病书》书影

帖括之学，遍览历代史乘、郡县志书，以及文集、章奏之类，辑录其中有关农田、水利、矿产、交通等记载，兼以地理沿革的材料，开始撰述《天下郡国利病书》和《肇域志》。1641年，祖父顾绍芾病故。1643年夏，顾炎武以捐纳成为国子监生。

◇一心复明◇

1645年，明宗室唐王朱聿键在福州即位，是为南明绍宗，年号隆武。经大学士路振飞推荐，隆武帝遥授顾炎武为兵部职方司主事。由于嗣母新丧，顾炎武一时难以赴任，只能"梦在行朝执戟班"。当时，清松江提督与巡抚土国宝不和。前明兵科给事中陈子龙、成安府推官顾咸正、兵部主事杨延枢等策动吴胜兆举义反正。顾咸是顾炎武同宗长辈，他与陈子龙等都与顾炎武交往密切，顾炎武也参与了此事。1647年夏，事情败露，吴胜兆被解往南京斩首，清廷大肆搜捕同案诸人。陈子龙往投顾炎武，但顾炎武已离家出走，于是陈子龙逃入顾咸

▲ 顾炎武画像

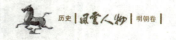

正之子天遴、天逯家躲藏，不久三人即被逮，顾炎武极力营救，未能奏效。结果，陈子龙乘差官不注意时投河自尽，杨延枢及顾氏父子先后遇害，受此案株连而死者达40余人。

在策动吴胜兆反正的同时，顾炎武还进行了其他一些活动。1646年，顾炎武本打算赴福建就职方司主事之任，大约将行之际，路振飞派人与他联系，要他联络"淮徐豪杰"。此后顾炎武"东至海上，北至王家营，仆仆往来"，奔走于各股抗清力量之间，"每从淮上归，必诣洞庭（按即太湖）告振飞之子泽溥，或走海上，谋通消息"，意图纠合各地义军伺机而动。

虽然弘光及闽浙沿海的隆武等南明政权先后瓦解，顾炎武亲身参与的抗清活动也一再受挫，但是，顾炎武并未因此而颓丧。他以填海的精卫自比："万事有不平，尔何空自苦，长将一寸身，衔木到终古。我愿平东海，身沉心不改，大海无平期，我心无绝时。呜呼！君不见，西山衔木众鸟多，鹊来燕去自成窠。"

◇坎坷不断◇

崇祯末年，顾炎武嗣祖绍芾及兄长顾缃先后去世，又逢吴中大旱，顾炎武无奈，将曾祖产田低价典给昆山豪族叶方恒。当时，顾炎武的堂叔等人为争夺遗产，又挑起家难，他们还与本来就蓄意侵吞顾炎武家产的叶氏内外勾结，顾炎武在昆山千墩的故唐和在常熟语濂泾的住所曾几次被这伙人洗劫及纵火焚烧。到1650年，叶方恒又企图加害顾炎武，顾炎武为保全自己，只得改头换面，扮作商贾，离开昆山出走，更名为商人蒋山佣。此后五年中，他都在吴、会之间奔波往来。尽管遁迹商贾，顾炎武依然心存故国，时时关注着沿海一带抗清斗争的进

弘光

明安宗朱由崧的年号，崇祯帝在北京景山上吊自杀后，朱由崧在南京被拥立为皇帝，定年号"弘光"，国号依旧为"明"，史称"南明"。朱由崧在位两年，与清军作战中被叛将田维乘出卖，后来被押送至北京斩首。

展情况，希望能有建功立业的机会。

1655 年春，顾炎武回到家乡昆山。原来，顾家有个仆人叫陆恩，因见顾家日益没落，顾炎武又久出不归，于是背叛主人，投靠叶方恒，两人且图谋以"通海"（即与闽浙沿海的南明集团有联系）的罪名控告顾炎武，欲置之死地。顾炎武回昆山，秘密处决陆恩，而叶方恒又与陆之婿勾结，私下将顾炎武绑架关押，并迫胁顾炎武，令其自裁。所幸顾炎武的朋友路泽博（字苏生）与松江兵备使者有交情，代为劝说，顾炎武一案才得以移交松江府审理，最后，以"杀有罪奴"的罪名结案。在危急关头，归庄计无所出，只好向钱谦益求援。钱谦益，字受之，号牧斋，常熟人，顺治初曾任礼部右侍郎，是当时文坛领袖。钱氏声言："如果宁人是我门生，我就方便替他说话了。"归庄不愿失去钱氏这一支援，虽然明知顾炎武不会同意，但还是弋顾炎武拜钱谦益为师。顾炎武知道后，急忙叫人去索回归庄代书的门生帖子，但钱谦益不给；便自写告白一纸，声明自己从未列于钱氏门墙，托人在通衢大道上四处张贴。钱谦益大为尴尬，解嘲道：'宁人忒性急了！"

1656 年春，顾炎武出狱。尽管归庄等同邑知名之士极力排解，而叶方恒仍不甘心，竟派遣刺客跟踪。仲夏，顾炎武返钟山，行经南京太平门外时突遭刺客袭击，"伤首坠驴"，幸而遇救得免。此后，叶方恒还指使歹徒数十人洗劫顾炎武之家，"尽其累世之传以去"。这之前的几年当中，顾炎武曾数次准备南下，赴福建参加沿海地区风起云涌的抗清复明大业，但由于各种原因，最终都未能成行；至此，顾炎武决计北游，以结纳各地抗清志士，考察中国北部山川形势，徐图复明大业。当然，远行避祸也是一个原因。

钱谦益(1582~1664),字受之，号牧斋，晚号蒙叟，东涧老人。学者称虞山先生。常熟人。清初诗坛盟主之一。明史说他"至启、祯时，准北宋之矩矱"。东林党的领袖之一，官至礼部侍郎，因与温体仁争权失败而被革职。在明末作为东林党首领，颇具影响。

▲ 顾炎武书法作品

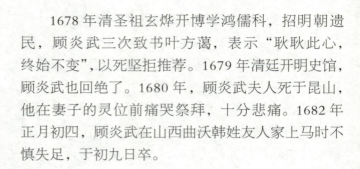

1678 年清圣祖玄烨开博学鸿儒科，招明朝遗民，顾炎武三次致书叶方蔼，表示"耿耿此心，终始不变"，以死坚拒推荐。1679 年清廷开明史馆，顾炎武也回绝了。1680 年，顾炎武夫人死于昆山，他在妻子的灵位前痛哭祭拜，十分悲痛。1682 年正月初四，顾炎武在山西曲沃韩姓友人家上马时不慎失足，于初九日卒。

■ 历史评价 ■

▲ 江苏昆山千灯镇顾炎武故居内顾炎武塑像

顾炎武是著名的经学家、史地学家、音韵学家，被称作清朝"开国儒师"、清学开山始祖。他学识渊博，在经学、史学、音韵、小学、金石考古、方志舆地以及诗文诸学上，都有较深造诣，建树了承前启后之功。他继承明朝的反理学思潮，不仅对陆王心学进行了清算，而且在性与天道、理气、道器、知行、天理、人欲诸多范畴上，都彰显了与程朱理学迥异的为学旨趣。顾炎武为学以经世致用的鲜明旨趣、朴实归纳的考据方法、创辟路径的探索精神，以及在众多学术领域的贡献，宣告了晚明空疏学风的终结，开启了一代朴实学风的先路，给予清代学者极为有益的影响。顾炎武提倡"利国富民"，并认为"善为国者，藏之于民"。他大胆怀疑君权，并提出了具有早期民主启蒙思想色彩的"众治"主张。他所提出的"天下兴亡，匹夫有责"，意义和影响极为深远，成为激励中华民族奋进的精神力量。他提倡经世致用，反对空谈，注意广求证据，提出"君子为学，以明道也，以救世也。徒以诗文而已，所谓雕虫篆刻，亦何益哉？"钱穆称其重实用而不尚空谈，"能

▲ 江苏昆山千灯镇顾炎武故居内顾炎武墓

于政事诸端切实发挥其利弊，可谓内圣外王体用兼备之学"。顾炎武认为先做人后做事，"礼义廉耻，是谓四维"。

他忠于自己的国家，历经艰辛从事反清复明的斗争。其名言"天下兴亡，匹夫有责"成为爱国精神的光辉写照。

■大事坐标 ┃

1613 年　出生。
1627 年　入复社。
1643 年　以捐纳成为国子监生。
1647 年　参加了金都御史王永祚为首的一支义军。
　　　　　暗中策动吴胜兆举义反正事情败露，被迫逃亡。
1654 年　迁居南京神烈山南麓。
1659 年　至山海关，凭吊古战场。
1682 年　上马时不慎失足，呕吐不止，不久去世。

■关系图谱 ┃

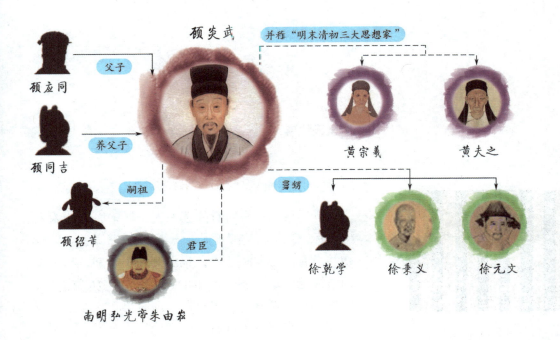

书画双绝

董其昌

■名片春秋 |

董其昌（1555～1636），字玄宰，一字元宰，号思白，又号香光居士，人称"董华亭"；万历进士，授编修，官至礼部尚书；明代后期著名画家、书法家、书画理论家、书画鉴赏家，"华亭派"的主要代表。出身于贫寒之家，但在仕途上春风得意，青云直上。1589年，董其昌中进士，开始了几十年的仕宦生涯。他当过编修、讲官，后来官至南京礼部尚书、太子太保等职。他对政治异常敏感，一有风波就坚决辞官归乡，历经几次反复起用。

■风云往事 |

◇结缘书法◇

董其昌几乎像所有的读书人一样，以进仕为人生目标，却屡屡名落孙山，一度以教书谋生。他当初并没有倾心书画艺术，也没有从小习书，与书画的结缘始于一次不大不小的人生刺激。16岁那年，他参加府学考试，文采卓群，理应第一，但主考官认为他的字写得太难看，就把他降为第二名。明代

▲ 董其昌书法作品《金刚经》

科考以八股取士，制艺要求按破题、承题、起讲等八部分阐明所论，同时也要求以乌黑、方正、光洁的楷书书写，是为"台阁体"。这种字体虽谈不上艺术，但还是中规中矩的。董其昌的名次因写字被降级，可见他当时确实写得不能入眼。对自尊心极强的董其昌来说，这简直是奇耻大辱，从此他发奋临帖摹碑，立志将字练好。人生需要动力和刺激，有自尊心和事业心的人，别人的一个举动、一句话，甚至一个眼神，都可能成为助推器，从而改变自己的人生航向。与元代的书法大家赵孟頫5岁入小学学书法相比，董其昌16岁才开始练字，虽然已经错过了习书的最好时光，但他十几年始终如一地锲而不舍，勤奋苦练，终使书法精进，在山水画上也有造诣。

1589年，董其昌终于考中进士，供职于翰林院，继续努力探索书画艺术。当时的董其昌还算是一个恭谦之人。例如，翰林院学士田一儁去世，因其一生清廉，身后萧条，董其昌便自告奋勇，告假护柩南下数千里，送老师回福建大田县。

他一度担任皇长子朱常洛的讲师。因朝中复杂的人际关系，不久，便告病回到松江。而京官和书画家的双重身份，使他的社会地位迥异往昔，家乡的大财主、士大夫和地方官吏便联袂登门拜访，不断前来巴结讨好。这时，董其昌的心态也慢慢发生了变化。

其后，他相继担任过湖广提学副使、福建副使，一度还被任命为河南参政，从三品的官职。但他不以此为意，托辞不就，在家乡悠游，整天沉浸在翰墨当中。许多附庸风雅的官僚豪绅和腰缠万贯的商

▲ 董其昌画像

翰林

即文翰之林，意犹文苑。翰林一词最早见于汉代文学家扬雄的《长杨赋》。而以其名官，则始于唐代。明代是翰林院发展的黄金时期。

▲ 董其昌行草作品

人纷至沓来，请他写字、作画、鉴赏文物，润笔贽礼相当可观。董其昌从一个初不起眼的角色迅速演变成名噪江南的艺术家兼官僚大地主，到后来拥有良田万顷、游船百艘、华屋数百间的松江地区势压一方的首富。

◇书画双绝◇

董其昌才溢文敏，文思敏捷，通禅理、精鉴藏、工诗文、擅书画及理论。他是海内文宗，执艺坛牛耳数十年，是晚明最杰出、影响最大的书画家。

董其昌在书法上造诣很高，尤其是行草。他对自己的楷书，特别是小楷也相当自负。董其昌虽处于赵孟頫、文徵明书法盛行的时代，但他的书法并没有一味受这两位书法大师的影响。他的书法综合了晋、唐、宋、元各家的书风，自成一体，其书风飘逸空灵，风华自足，用墨也非常讲究，枯湿浓淡，尽得其妙。书法至董其昌，可以说是集古法之大成，"六体"和"八法"在他手下无所不精。在当时已"名闻外国，尺素短札，流布人间，争购宝之"。据说，康熙帝还亲自临写董书，致使董书得以风靡一时，出现了满朝皆学董书的热潮。一时追逐功名的士子几乎都以董书为求仕捷径。在康熙、雍正之际，他的书法影响之深，无人可与之媲美。

董其昌的书法，历来褒贬不一。董其昌没有留

▲ 董其昌书画作品

下一部书论专著，但他在实践和研究中得出的心得
和主张，散见于其大量的题跋中。董其
昌有句名言："晋人书取韵，唐人书取法，
宋人书取意。"这是历史上书法理论家
第一次用韵、法、意三个概念划定晋、
唐、宋三代书法的审美取向。这些看法，
对人们理解和学习古典书法起了很好的
阐释和引导作用。董其昌一生勤于书画，
又享高寿，所以传世作品很多，代表作
有《白居易琵琶行》《袁可立海市诗》《三
世诰命》《草书诗册》等。

董其昌的绘画长于山水，注重师法
传统技法，追求平淡天真的格调，讲究
笔致墨韵，墨色层次分明，拙中带秀，
清隽雅逸。

董其昌作画强调写意，赋予浪漫主
义于山水之间。尤其是他兼长书法、诗
文，每每绘完山水，题以诗文，行楷簇
簇如行蚕，闪闪如迅霆飞电，全图诗、书、
画相映成趣，和谐一致，更富有抒情意
境。其作品成为文人画追求的意境典范。

■ 历史评价 ｜

董其昌是晚明著名的书画大家，堪
称中国书法史上极有影响的大家之一，
其的书法风格与书学理论对后世产生了
重大的影响。在赵孟頫妩媚圆熟的"松
雪体"称雄书坛数百年后，董其昌以其
生秀淡雅的风格独辟蹊径，自立一宗，
亦领一时风骚，以致"片楮单牍，人争宝之"，"名
闻外国"，为中外文化交流增添了光辉。董其昌又
是在文徵明逝世之后文人画的一面旗帜。在他的有

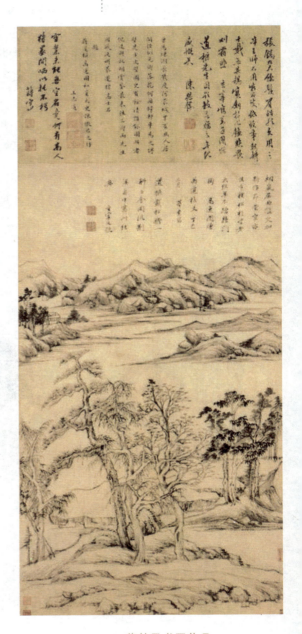

▲ 董其昌书画作品

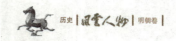

力推动之下，文人画创作掀起热潮，并最终确立了一统天下的地位。他的绘画对明末清初的画坛影响很大，并波及近代画坛。自明末至清亡的 300 余年间，中国的画坛和书坛称为"董其昌世纪"是丝毫不为过的。一直以来，董其昌的作品都是海内外大收藏家寻觅的目标。由于他出生于松江华亭，画史上将他及他周围的画家称作"松江派"或"华亭派"。

■大事坐标 |

1555 年	出生。
1589 年	考中进士。
1616 年	民众发动对董其昌抄家运动。
1636 年	去世。

■关系图谱 |

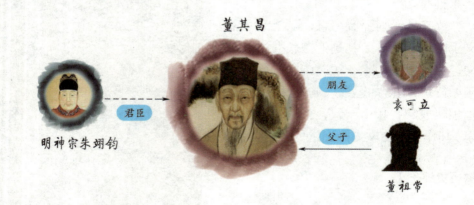

异端宗师

李贽

■名片春秋 |

李贽（1527～1602），初姓林，名载贽，后改姓李，名贽，字宏甫，号卓吾，别号温陵居士、百泉居士等。明代官员、思想家、禅师、文学家，泰州学派的一代宗师。历共城知县、国子监博士，万历中为姚安知府。旋弃官，寄寓黄安、麻城。在麻城讲学时，从者数千人，中杂妇女。晚年往来南北两京等地，被诬，下狱，自刎死。著有《焚书》《续焚书》《藏书》等。

■风云往事 |

◇仕途渐厌◇

1551 年，李贽中举。1556 年授河南共城教谕。1560 年擢南京国子监博士。数月后，其父白斋公病故于泉州，回乡守制。时值倭寇攻城，他带领弟侄辈日夜登城击柝巡守，与全城父老兵民同仇敌忾。1563 年任北京国子监博士。

1570 年，李贽调任南京刑部员外郎，至 1577 年止，共 7 年。在南都任职的 7 年中，他与耿定向、耿定理、焦竑等交好。后来耿定向的假道学面

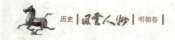

貌露出时，李贽与之互相辩难。至于耿定向的弟弟耿定理以及耿定向的学生焦竑与李贽则一直为莫逆的朋友。在南都时，李贽又见过王守仁的弟子王畿以及泰州学派的罗汝芳。李贽对王、罗二人都很崇敬。这一时期的关键是李贽师从泰州学派的学者王襞。王襞是王艮的儿子，幼闻庭训，长年在淮南讲学。王襞长时期左右"乐学"之说，发挥尤多。

1577 年，李贽出任云南姚安知府，业余时间仍然讲学授课。他居官的准绳是"一切持简易，任自然，务以德化"，而且"自治清苦，为政举大体"。他还在府衙的楹柱上写了两副对联，其一是："从故乡而来，两地疮痍同满目；当兵事之后，万家疾苦总关心。"其二是："听政有余闲，不妨矍运陶斋，花栽潘县；做官无别物，只此一庭明水，两袖清风。'《李温陵》传记写到他，"法令清简，不言而治。每至伽蓝，判了公事，坐堂皇上，或置名僧其间。簿书有隙，即与参论虚玄，人皆怪之"。这颇似罗汝芳的作风。当时云南边境少数民族众多，上官严刻，他说："边方杂夷，法难尽执，日过一日，与军与夷共享太平足矣"。在姚安居官三年以后，他厌恶簿书的生活，袁中道记他"久之，厌圭组，遂入鸡足山，阅龙藏，不出。御史刘维奇其节，疏令致仕以归"。

◇正义直言◇

李贽 20 多年的宦游生活，使他深感受人管束之苦。《焚书》卷四《豫约·感慨平生》说："我只是因为不受管束，才受到了这样的磨难，一生坎坷，即使是将大地作为墨汁也难以写尽我的苦难，做了县里的博士就会与县令等相抵触，做太学博士就会与祭酒司业相抵触，总之做什么就会和什么相抵触，这大概就是我一生的遭遇了。"这是其对自己多年居官生活的总结。这种抵触，实质上是李贽的反封建思想与封建主义的抵触。

《焚书》《续焚书》

哲学、文学性著作，明朝晚期思想家李贽著。两书收录了李贽生前所写的书信、杂著、史评、诗文、读史短文等。

他与常人不同并不解衣还乡，而是携妻女前往湖北黄安投奔耿定理，自称："我已经老了，与一二个朋友每日谈天说地就是最快乐的事情了，何必要回故乡呢？"在李贽云南辞官的前一年，何心隐被楚抚王之垣缉捕杀害于武昌。李贽对此事极为愤怒，曾著文二篇为何心隐辩冤，并表示对他的景仰。后来他在给焦竑的信中提起何心隐说："何老英雄没有人能比过他。观其羁丝缧绁之人他所发表的文章，千言万语，滚滚立就，没有一点摇尾乞怜的文字，如诉如戏，若等闲日子。今读其文，想见其为人。其文章高妙，略无一字袭前人，亦未见从前有此文字，但见其一泻千里，委由详尽。观者不知感动，吾不知之矣。奉去二稿，亦略见追慕之切。"信中所称论何心隐者二篇，今焚书卷三中有何心隐论一篇；另一篇，未见。《焚书》卷六有赠何心隐高第弟子胡时中五绝一首："三日三渡江，胡生何忙忙？师弟恩情重，不忍见武昌。"这诗当作于其云南解官后初到黄安时，可见他对何心隐及其弟子的同情。李贽一生未有机会与何心隐相识，他在与焦漪园太史书中曾引以为憾："弟一向在南都，不曾听见兄长说起过这个人，这就是兄长的不是。如果此人都不算是豪杰的话，那么自古至今就更没有算得上是豪杰了。"

何心隐（1517～1579），原名梁汝元，字柱乾，号夫山。江西吉安永丰人。明代思想家，王阳明"心学"之泰州学派弟子。早年放弃科举，致力于社会改革，曾被捕入狱。与徐阶合作弹劾严嵩，后在湖北孝感讲学，因反对当权者张居正再遭通缉。1579年被捕，死于湖北武昌狱中。

◇坎坷半生◇

李贽弃官后，于1581年春应湖北黄安（今红安）耿定理之邀，携妻子女儿到耿定理的家乡黄安天台书院讲学论道，住耿定理家中充当门客兼教师，但经常和耿定理的哥哥耿定向意见不同。在李贽看来，耿定向是乡愿，是假道学的代表人物。1584年耿定理死去以后，其与耿定向不能相容，不可能再在耿家住下去了。耿定理死时，李贽有五言长诗，三首哭耿子庸（定理字）。1584年十月，李贽从黄安移

▲ 北京通州西海子公园内李贽墓

▲ 福建泉州鲤城区李贽故居

居麻城，因无馆住宿而返。第二年三月才定居于麻城龙潭湖上的芝佛院。龙潭距城约30里，很少有人能走到那里。他从此安静地读书著作，与一二相知者讲学。移居麻城的时候，李贽将妻女送回福建，自己孑身居麻城龙潭湖芝佛院，读书著述近20年，完成《初潭集》《焚书》等著作。1597年至1600年，他到山西、通州、济宁、南京游历。在济宁、南京，他曾两次与利玛窦见面，共商教义。1600年，回到麻城。同年冬天，湖广佥事冯应京以"维护风化"为名，指使歹徒烧毁龙湖芝佛院，又毁坏他预为藏骨的墓塔。李贽被迫避寓麻城东北商城县黄檗山中。1601年，罢官御史马经纶闻讯将李贽接到通州。1602年春二月，李贽遗言身后白布盖尸，土坑埋葬，似从回教葬仪。同年礼部给事中张问达秉承首辅沈一贯的旨意上奏神宗，攻讦李贽，最终以"敢倡乱道，惑世诬民"的罪名在通州逮捕李贽，并焚毁他的著作。三月十五日，李贽呼侍者剃发，夺其剃刀割喉，气不绝者两日，三月十六日子时气绝，结束了自己坎坷崎岖的一生，也将自己坎坷曲折的一生画上了句号。东厂锦衣卫写给皇帝的报告称，李贽"不食而死"。死后，马经纶将其收葬于北京通州北门外马寺庄迎福寺侧。1610年，李贽的学生汪可受、梅掌科、苏侍御捐资为其树碑。此外，李贽只有一个女儿幸存下来，其他孩子全都夭折。

■历史评价 |

李贽提倡"为学贵在有疑"，反对迷信盲从。李贽本人就是一个敢向权威和权贵挑战的人，敢于探究被他人认为是亘古不变的真理。提倡教学内容多元化，反对教学内容单一。李贽认为儒家经学不能作为教学的唯一内容。他提倡建立师友关系，反对势利相交。他认为"独学

▲ 李贽故居内李贽塑像

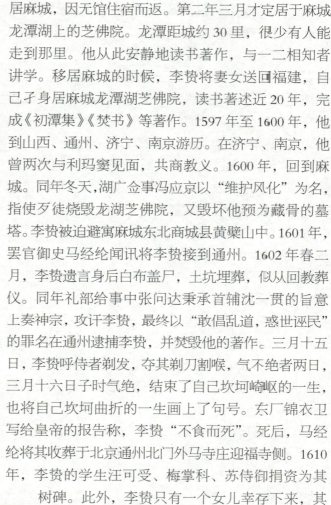

难成，唯友为益"，自己"不敢以教人为己任"；认为师生之间的关系，应既为师生关系，同时又为朋友关系，二者是平等的。提倡"因材而笃"，反对压制学生。李贽认为"各遂其生，各获其望"。天下的事物千差万别，应承认其个性差异。除此以外，他还提倡男女平等，反对歧视女子入学。就是在这些教育思想的影响下，李贽在麻城的学生"从之者几千、万人"。不仅如此，其思想渗透到社会各个阶层，培养出一大批重要人物，如明代崛起的著名文学流派公安派的代表人物兄弟"三袁"、诏赠兵部尚书黄梅县人汪可受、明代文学家、藏书家杨定见等。

■大事坐标 |

1527 年 —— 出生于福建泉州市南门外。
1556 年 —— 授河南共城教谕。
1570 年 —— 调任南京刑部员外郎。
1577 年 —— 出任云南姚安知府，在公余之暇，仍从事于讲学。
1581 年 —— 携妻子女儿到耿定理家乡黄安天台书院讲学论道。
1597 年 —— 应巡抚梅国桢之请往山西大同，著《孙子参同》，修订《藏书》。
1602 年 —— 去世。

■关系图谱 |

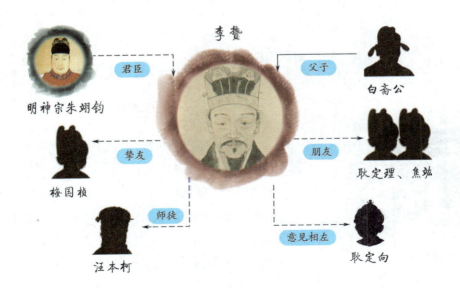

117

水浒英才

施耐庵

施耐庵（1296～1370），本名彦端，元末明初文学家。据胡应麟《少室山房笔丛》卷四十一，施耐庵为钱塘（今浙江杭州）人。他博古通今，才气横溢，举凡群经诸子，文学诗歌、天文地理、医卜、星象等，一切技术无不精通。曾中进士，后弃官归里，闭门著述，与拜他为师的罗贯中一起研究《三国演义》《三遂平妖传》的创作，搜集整理关于梁山泊宋江等英雄人物的故事，最终写成"四大名著"之一的《水浒传》。有《施氏家薄谱》存世。

■风云往事▎

◇年少才高◇

据考，施耐庵是孔子72个子弟之一——唐末施之常的后人。其父名为元德，操舟为业，母亲卞氏。

施耐庵自幼聪慧好学，才气过人，事亲至孝，为人仗义，19岁时中秀才，28岁时中举人，36岁中进士。

施耐庵曾在钱塘（今浙江杭州）为官三年，因

▲古钱塘

不满官场黑暗，不愿逢迎权贵，弃官回乡。张士诚起义抗元时，施耐庵参加了他的军事活动。张士诚据苏以后敬其文韬武略，再三邀请施耐庵为军幕，施耐庵抱着建造"王道乐所"的宏远计划欣然前往，为张士诚献了许多攻城夺地的计策，还参与谋划，与张士诚的部将卞元亨相交甚密。此后因张士诚居功自傲，独断专行，亲信佞臣，疏远忠良，施耐庵几次劝谏，张士诚都不予采纳，于是施耐庵愤然离开平江，并作《秋江送别》套曲赠予同在张士诚幕府的鲁渊、刘亮等人。此后，他行走江湖，替人医病解难。

◇隐世著书◇

明朝建立之初，朱元璋也曾下诏书请施耐庵做慕僚，但施耐庵在多次请后仍不应征，据说张士诚还曾经亲自登门拜访过他，见他正在书房撰写《江湖豪客传》一书，即《水浒传》。后来张士诚兵败，施耐奄为避祸，举家迁徙到淮安，继续著书。

据传，张士诚起兵反元，在平江（今江苏苏州）称吴王，聘施耐庵为军师，后张士诚降元，施耐庵屡谏不从，因而弃官去江阴祝塘东林庵坐馆。朱元璋发兵围攻平江，战乱波及江阴。施耐庵想起先后曾任松江同知和嘉兴路同知的好友顾逖是兴化人，那里地方偏僻，四周环水，交通不便，一向有"自古昭阳（兴化别名）好避兵"之说，于是特意差人给顾逖送云一封信，并附诗一首：

年荒世乱走天涯，寻得阳山（指兴化）好住家。

愿辟草莱多种树，莫教李子结如瓜。（当时民

▲ 施耐庵画像

张士诚（1321~1367），字确卿，乳名九四。出身于贫苦的盐民之家，元末农民起义领袖之一，领导了江浙海盐民反对元朝统治的武装起义。后期他领导的起义军贪图享乐，不思进取，投降了元朝统治者，成为镇压农民起义军的工具，最终被朱元璋打败。

▲ 鲁智深倒拔垂杨柳

谣："李生黄瓜，民皆无家。"）

顾逖见信后，马上给施耐庵回信，欢迎他来兴化避难。信中也答诗一首：君自江南来问津，相送一笑旧同寅。此间不是桃源境，何处桃源好避秦？

施耐庵收到信后，将大弟彦明留在苏州原籍，带了续娶妻子申氏、二弟彦才和门人罗贯中，冒着烽烟，渡江北上，先在兴化顾逖家中暂住，而后由顾逖相助，在兴化以东人烟稀少的海滨白驹场购置了田地房产，在这里隐居撰写《水浒传》。他结识了许多农夫和盐民，通过和他们接触，他了解了底层民众的生活。他们生活中的许多故事成了他创作的素材，施耐庵经过再创造，以惊人的艺术才能，将以宋江为首的梁山一百零八将的豪侠形象刻画得淋漓尽致。

◇后世留名◇

《水浒传》通常被评价为一部正面反映和歌颂农民起义的小说。当然，小说中描写的梁山泊的某些基本宗旨确与历史上农民起义所提出的要求有相同的地方，但另一方面也要注意到：《水浒传》中的人物和故事，基本上都是出于艺术虚构，可以说，大部分的人物都是由施耐庵意想构造出来的，它与历史上宋江起义的事件没有多少关系。

这部小说的基础，主要来源于市井文艺"说话"，它在流行过程中首先受到市民阶层趣味的制约。梁山英雄的成分有"帝子神孙，富豪将吏，并三教九流，乃至猎户渔人，屠儿刽子"，却几乎没

坐馆

在古汉语里多指任塾师或幕客。

有真正的农民；梁山英雄的个性更多地反映着市民阶层的人生向往。这些基本特点是首先应该注意到的。在当时要公开歌颂这样的"盗贼流寇"，首先必须为他们的行为提出一种至少在某种程度上合乎社会传统观念的解释，赋予这些英雄好汉以一种为社会所普遍认可的道德品格，在这个总的前提之下，来描绘他们的反抗斗争。梁山泊一杆杏黄旗上写着的"替天行道"的口号，和梁山议事大厅的匾额所标榜的"忠义"的准则，就是作者为梁山事业所设立的道德前提。在"替天行道"的堂皇大旗下，作者热烈地肯定和赞美了被压迫者的反抗和复仇行为。梁山好汉们并不是出于纯粹主持正义的目的而"替天行道"的，他们大多本身是社会"无道"的受害者。《水浒传》在标榜"忠义"的同时，肯定了金钱的力量，赞美一种以充分的物质享受为基础的自由自在的生活理想，表现出浓厚的市井意识。这种带有空想性质的社会图景同农民的社会理想、农民起义的政治组织，有着明显的区别。虽然这个社会本身是虚构的，但在其背后却存在商业经济中形成的平等观念和道德意识的变化。再看小说中大量描写到的城市景象、商业活动，以及所表现出的对商人的尊重，可见作者的理想是有其现实基础的，反映了当时的社会现象。

　　施耐庵及其作品《水浒传》的影响是十分巨大的，据不完全统计，自明嘉靖迄今，《水浒传》在国内的各种版本已经有 53 种。《水浒传》在国外流传也很广，朝鲜、印度尼西亚、泰国、马来西亚、新加坡、越南、意大利、法国、俄罗斯、匈牙

▲ 剪纸版宋江形象

▲ 江苏泰州施耐庵陵园内施耐庵雕像

▲ 江苏大丰施耐庵纪念馆

利、捷克、罗马尼亚等国都有《水浒传》的译本，美国的译本有《水浒传》《水浒传选集》《中国古典小说·水浒传》《水浒传词汇》《野猪林》等。日本的译本有 20 多种。我国有中国水浒学会、浙江水浒学会、山东梁山水浒研究会、盐城市水浒学会、大丰市施耐庵研究会等学术团体，专门研究施耐庵和《水浒传》，召开研究会，出版刊物。大型电视连续剧《水浒传》播出后，观众数以亿计。正如日本汉学家盐俗温所言："《水浒传》是惊天动地的快文，中国小说之冠冕，是雄飞世界文坛的优秀古典小说。"

■历史评价 I

施耐庵才华横溢，在他 36 岁那年与刘基一同中进士，仅此一点就可以看出其不俗的才气，当然，两个人不同的人生轨迹是由其自身的性格、眼光所决定的。刘基的才华展现在征战中，施耐庵的才华则展现于他的著述中。施耐庵因不满官场黑暗而辞官，拳打恶霸，避世不召，足见其志气孤高，由此也可看出他是一个有血有肉的真汉子。他与其徒弟罗贯中共同写成了《水浒传》这一千古传颂的佳作，在中国文学史上占有重要地位。

■大事坐标 ┃

1296 年 ▲ 出生。

1353 年 ┃ 参加张士诚起义反元。

1367 年 ┃ 朱元璋灭张士诚后到处侦查其部属，为避免麻烦，在白驹隐
居。

1370 年 ▼ 染病而殁，就地高葬。

■关系图谱 ┃

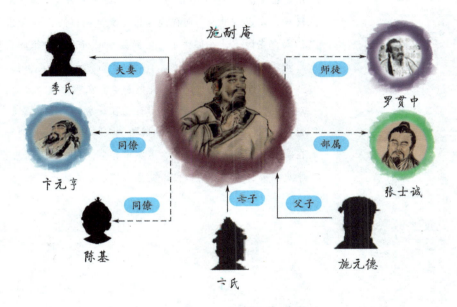

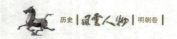

戏剧名家

汤显祖

■名片春秋 Ⅰ

汤显祖（1550～1616），字义仍，号海若、若士、清远道人。汉族，江西临川人。明代戏曲家、文学家。1583年中进士，任太常寺博士、礼部主事，因弹劾申时行，降为徐闻典史，后调任浙江遂昌知县，又因不附权贵而免官，无再出仕。曾从罗汝芳读书，又受李贽思想的影响。在戏曲创作方面，反对拟古和拘泥于格律，作有传奇《牡丹亭》《邯郸记》《南柯记》《紫钗记》，合称《玉茗堂四梦》，以《牡丹亭》最为著名。在戏曲史上，他和关汉卿、王实甫齐名，在中国乃至世界文学史上都有着重要的地位，被誉为"东方的莎士比亚"。

■风云往事 Ⅰ

泰州学派

泰州人王艮创建，是中国历史中第一个真正意义上的思想启蒙学派，发扬了王守仁的心学思想，反对束缚人性，引领了明朝后期的思想解放潮流。泰州学派一度受到朝廷的青睐，成为晚明的显学。

◇天资聪慧◇

汤显祖的老家在临川县云山乡，后迁居汤家山（今江西抚州）。汤显祖从小聪明好学，"童子诸生中，俊气万人一"。汤显祖青年时期就声名鹊起，14岁入县学，21岁中举，是令人瞩目的青年才俊。他的人生规划与成长过程，和同传统世家或富家的子弟一样，读圣贤书，科举入仕，光宗耀祖。13 岁开始，他就随阳明学的泰州学派大师罗汝芳学习心性之学，探索人生意义与道德真理，奠定了自我道德规范，影响了他后来的出处进退及做人处事的方式。他于 1571 年及 1574 年两次赴京会试，仕途道路的失败并没有给他造成多大的打击，他依旧豪情万丈写下《红泉遗草》。

▲ 江西抚州汤显祖纪念馆内汤显祖雕像

◇宦场沉浮◇

1577 年，汤显祖第三次进京会试，面临着他一生事业前途的最大抉择。此时的首辅大学士张居正为了安排自己儿子及第，企图罗致一批青年才俊，纳入"自己人"的小圈子，以便巩固日后的统治架构，也为儿子的政治前途建立后援基础。更为迫切的是，张居正身为首相，子弟高中科举，难免让人怀疑有营私舞弊之嫌。结纳前来赶考的天下名士，一来显示自己礼贤下士，二来可把应考的精英收在自己旗下，三来又能陪衬出自己儿子这一榜都是高才士，让天下人无话可说。张居王罗致的就有汤显祖及其好友沈懋学，汤显祖拒绝了邀请，而沈懋学则成了相府贵客。放榜的结果是汤显祖名落孙山，沈懋学状元及第，张居正的次子嗣修膀�。这段经历对汤显祖无疑是沉重的打击，但同时也给其重要的人生启示。人虽然可无傲气，但不可以无傲骨。

两年后，汤显祖再次进京会试。张居正的三儿子懋修也参加这次会试，张居正又来邀请显祖了，而且一再到旅邸来拜访。张府再三垂青，礼数不可谓薄，然而显祖却"报谒不遇"，避开接触的机会。这一次放榜，显祖仍旧落第，张懋修以一甲一名赐

会试

古代科举制度中的中央考试，是考取贡士的考试，参加的人是举人，由礼部主持，考试内容与乡试相同，考中者称"贡士"，第一名称"会元"。举人取得"贡士"资格后，方可参加殿试。

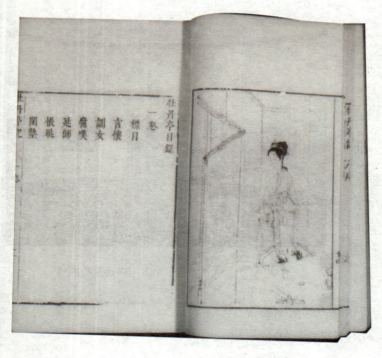

▲ 明刻本《牡丹亭》

临川四梦

又称玉茗堂四梦。明代剧作家汤显祖的《牡丹亭》《紫钗记》《邯郸记》《南柯记》四剧的合称。前两个是儿女风情戏,后两个是社会风情剧。

进士及第,独占鳌头,荣登状元高位。张居正的长子敬修也榜上有名,同登进士之列。

然而,1582年张居正死后,一年之间张氏家族便遭惨祸,第二代的功名全遭剥夺,舆论也就不留情面了。汤显祖在张家遭殃之时中了进士。次月,万历皇帝就派员查抄了张家,敲骨吸髓,逼得长子张敬修上吊而死,也引得显祖感叹:"假令予以依附起,不以依附贬乎!"

政治的翻云覆雨,官场的拉帮结派,斗争的倾轧陷害,人情的冷暖炎凉,使汤显祖受到了极大的刺激。他做出了坚守一生的选择:为了保存自我人格的纯净,"不如掩门自贞"。他"掩门自贞"的方式,就是出任无关紧要的闲职,先任南京太常寺博士、南京詹事府主簿,继任南京礼部祠祭司主事,共8年之久,闭门读书,同时从事诗文创作。

◇**挂职而去**◇

1591年,他对官场的龌龊贪黩再也无法忍受,便打开了虚掩的门,上了轰动一时的《论辅臣科臣疏》,批评时政。上疏后汤显祖就遭到贬窜,发配到雷州半岛的徐闻,也就是苏东坡贬谪海南时慨叹"青山一发是中原"之地。在这天涯海角的荒陬,汤显祖遇到了流放到此的张居正次子嗣修,十四五年前其不愿意巴结的贵胄公子。同是天涯沦落人,因此"握语雷阳,风趣殊苦",不但让显祖感到仕途险恶，甚至觉得人生如梦，世事荒诞无常。

由于朝中有人斡旋，汤显祖得以离开贬所，于1593年到浙江遂昌任知县。他在这个浙江山区"最称僻瘠"、连城墙都修不起的小县，一待就是六年，不得升迁。最后他抛弃了形同鸡肋的官位，在1598年春，不待上级批准，上了辞呈，甘冒"擅离职守"的风险，效法陶渊明，"彭泽孤舟一赋归"，回到了老家临川，在城里构筑了玉茗堂，完成了《牡丹亭》的写作。

汤显祖一生蔑视封建权贵。早年参加进士考试，因拒绝宰相张居正的拉拢而落选。中进士后，拒绝与执掌朝政的张四维、申时行合作。晚年淡泊明志，不与郡县州官周旋。

◇文艺成就◇

汤显祖在28岁时，始作《紫箫记》，因被时人议为影射"秉国首揆"而辍笔。但他志向未泯，十年后又改为《紫钗记》。由是，一发而不可止，于1598年弃官返乡后作《还魂记》(《牡丹亭》)，1600年夏作《南柯记》，1601年秋作《邯郸记》。这四大传奇均有梦境构想，故并称"临川四梦"。

汤显祖的剧作既植根于现实生活的土壤，同时又显示出高度的浪漫主义精神。《牡丹亭》以强烈的追求个性解放的进步思想，无情地抨击了腐朽封建道学的理念束缚。它描写杜丽娘与柳梦梅在梦中相爱，醒后寻梦不得，抑郁而死。其后梦梅掘坟开棺，丽娘复活，深刻地表达了作者"生者可以死，死可以生"的思想。

《紫钗记》同样体现着作者的"情至"观念。它通过爱情题材，反映政治斗争，鞭挞了封建权贵卢太尉，歌颂了理想的义侠黄衫客，使剧作具有更深的思想意义。

《南柯记》和《邯郸记》是寓言性的讽世剧。二剧借梦中之景，写现实之事，举凡社会的病态、人情的险诈、官场的黑暗以及知识分子的种种心理活动，均跃然纸上。剧本布上了一层"色即是空""浮世芬芬蚁子群"的佛家和道家思想的迷雾，流露出消极的厌世情绪，反映了作者的阶级和历史观局限。但从主要倾向来看，仍不失为杰出的现实主义和浪漫主义相结合的作品，在戏曲史上占有重要的位置。

汤显祖所处的时代，文坛为拟古思潮所左右，继承"前七子"的"后七子"极负盛名。前后七子"文必秦汉，诗必盛唐"的主张，根本缺陷是一味摹拟前代作品的用字、造句，乃至改头换面，剽窃前人词句。汤显祖认为，"汉宋文章，各极其趣"。他还强调文章之妙在于"自然灵气"，不在步趋形似

▲ 江西抚州汤显祖纪念馆

▲ 汤显祖纪念馆内汤显祖塑像

之间。他的这些主张对后来高揭反拟古旗帜的公安派有一定影响。汤显祖的古文长于议论，颇有"好辩"特色。他的书信写得富有感情，文笔流利，为后人所推崇。

汤显祖在戏曲批评和表演、导演理论上，也颇有建树。他通过大量书札和对董解元的《西厢记》、王玉峰的《焚香记》等剧作的眉批和总评，发表了其对戏剧创作的新见解。他认为，内容比形式更重要，不能单纯强调曲牌格律而削足适履。尤其是作于1602年前后的《宜黄县戏神清源师庙记》一文，不仅记述了弋阳腔的演唱情况，而且对表演、导演艺术发表了精辟见解，强调演员要体验生活，体验角色，领会曲意，在生活上和艺术上严于律己，以人物的感情去感染观众。他自己勤于艺术实践，"为情作使，蛥于伎剧"，同临川一带上千名演唱海盐腔的宜黄班艺人保持着广泛的联系，实际上成为地方戏曲运动的领袖。他还亲自为演员解释曲意，指导排练，"自踏新词教歌舞"，"自掐檀痕教小伶"。

汤显祖不仅精通古文诗词，而且对天文地理、医药卜筮诸书也有所涉列。26岁时刊印第一部诗集《红泉逸草》，次年又刊印诗集《雍藻》（未传），第三部诗集《问棘邮草》。他还长于史学，修订过《宋史》，可惜未完成。

■ 历史评价 ▎

汤显祖在东方剧坛占有很高的地位，被称为"中国的莎士比亚"。汤显祖以他的《牡丹亭》等剧作，成为中国文学史上和关汉卿、王实甫齐名的戏曲家。他的作品和戏剧活动影响深远，直到今天，"临川四梦"里的许多精彩片段还保留在昆剧舞台上。石凌鹤改编的赣剧弋阳腔《还魂记》，还被拍摄成彩色影片，深受广大观众欢迎。汤显祖不仅属于中国，也是世界文化伟人之一。在明代300年的剧坛上，没有一个戏曲家像他那样受到后人的敬仰。汤显祖的浪漫三义艺术珍品，代表了明代戏曲创作的最高峰。

■大事坐标 |

1550年	生于书香世家。
1587年	完成《紫钗记》。
1591年	上《论辅臣科臣疏》，批评时政，随即遭到贬窜。
1593年	任浙江遂昌知县。
1598年	春，不待上级批准上了辞呈，回到老家临川。同年完成《牡丹亭》的写作。
1600年	作《南柯记》。
1601年	作《邯郸记》。
1616年	逝世。

■关系图谱 |

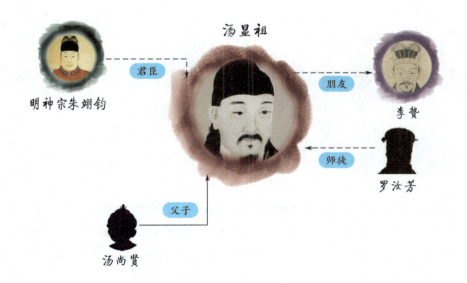

坎坷才子

唐寅

■名片春秋 I

唐寅（1470 ～ 1523），字伯虎，又字子畏，号六如居士、桃花庵主、逃禅仙吏等，江苏苏州吴县人。明弋著名画家、文学家，与沈周、文徵明、仇英合称"明四家"或"吴门四家"。民间有很多关于唐伯虎的传说，最为人熟悉的《唐伯虎点秋香》曾多次被改编成戏剧、电视剧及电影，加深了唐伯虎在民间的形象。唐寅作品以山水画、人物画闻名于世。

■风云往事 I

◇少年成名◇

唐寅祖籍晋昌，即今山西晋城一带．在他的书画落款中，往往写的是"晋昌唐寅"四字。北宋时唐氏家族南迁，来到南京、苏州经商。唐寅就出生在苏州府吴县。唐寅 19 岁时娶徐氏，是徐廷瑞的次女，但她在大约 24 岁的时候病逝；后来娶有一室，但其因科场弊案的牵累而离去；又娶沈氏，名九娘。唐寅自幼天资聪敏，熟读四书五经，并博览史籍，16 岁秀才考试得第一名，轰动了整个苏州城，29

岁到南京参加乡试，又中第一名解元。正当他踌躇
满志，第二年赴京会试时，却因牵涉科场舞弊案而
交上厄运。

◇坎坷人生◇

唐寅会试时，主考官是程敏政和李东阳。两人
都是饱学之士，试题出得十分冷僻，使很多应试者
答不上来。其中唯有两张试卷不仅答题贴切，且文
辞优雅，使程敏政高兴得脱口而出："这两张卷子
定是唐寅和徐经的。"这句话被在场人听见并传了
出来。再加上由于徐、唐两人在京师的行动惹人注
目，顷刻便蜚语满城，盛传"江阴富人徐经贿金预
得试题"，户科给事华昶便匆匆弹劾主考程敏政泄
露考题，事连徐经、唐寅。明孝宗敕令程敏政毋阅题，
其所录之卷，由大学士李东阳会同其他试官进行复
审，结果证明徐、唐两人皆不在录取之中。泄露考
题之说，虽属乌有，但舆论仍喧哗不已。明廷为平
息舆论，便让锦衣卫加以审讯，查无鬻题实据，最
终以徐经进京晋见程敏政时曾送过见面礼，唐寅也
因曾用一个金币向程敏政乞文，使两人均遭削除仕
籍，发充县衙小吏使用。程敏政因此罢官还家，华
昶因奏事不实，也遭降职处分。一场科场大狱，以
各打五十大板结案。事后三人均不服，程敏政归家
后愤郁发疽而亡。

关于这场会试泄题案的记载有很多，说法不一。
实际上这是统治阶级内部斗争的结果。但毫无疑问，
这一事件对唐寅造成的后果是极其严重的。从此唐
寅绝意仕途，归家后纵酒浇愁，决心以诗文书画终
其一生。

1500 年，唐寅离开苏州，坐船到运镇江，从
镇江到扬州，游览瘦西湖、平山堂等名胜。然后又
坐船沿长江过芜湖、九江，到庐山。庐山雄伟壮观
的景象给唐寅留下深刻的印象，这在他以后的绘画

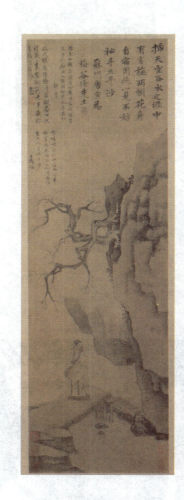

▲ 唐寅书画作品《观梅图》

▲ 唐寅绘画作品《赤壁图》

作品中被充分地反映了出来。他又乘船溯江而上到了黄州，看到赤壁之战遗址，《赤壁图》即依此所画。之后，他又南行入湖南，登岳阳楼，游洞庭湖，再南行登南岳衡山，再入福建，漫游武夷诸名山和仙游县九鲤湖。唐寅由闽转浙，游雁荡山、天台山，又渡海去普陀，再沿富春江、新安江上溯，抵达安徽，上黄山与九华山。此时唐寅囊中已罄，只得返回苏州。唐寅千里壮游，历时九个多月，踏遍名山大川，为后来作画增添了许多素材。

返回苏州，家中非常清贫，妻子大吵大闹，离他而去。他住在吴趋坊巷口临街的一座小楼中，以丹青自娱，靠画文画而养活自己。

唐寅 36 岁时选中城北桃花坞，建了一座优雅清闲的家园，度其轻狂生活。唐寅一生酷爱桃花，别墅取名"桃花庵"，自号"桃花庵主"，并作《桃花庵歌》："桃花仙人种桃树，又摘桃花换酒钱。酒醒只在花前坐，酒醉还来花下眠。半醉半醒日复日，花落花开年复年。"那时的他依然过得超世脱俗。

1514 年，他被明宗室宁王以重金征聘到南昌，后发现身陷宁王政治阴谋之中，遂佯装疯癫，脱身回归故里。后来宁王起兵反叛朝廷被平定，唐寅幸而逃脱了杀身之祸，从此思想渐趋消沉，转而信佛，自号"六如居士"。"六如"取自《金刚经》："一切有为法，如梦幻泡影，如露亦如电，应作如是观。"他自制一方印章"逃禅仙吏"。

▲ 江苏苏州唐寅园六如堂

唐寅从南昌回家后因常年多病，不能经常作画，又不会持家，生活越发艰难，甚至常靠好友祝允明、文徵明借钱度日。其间有著名书法家王宠常来接济，并娶了唐寅唯一的女儿为儿媳，这也为唐寅晚年最快乐的一件事。

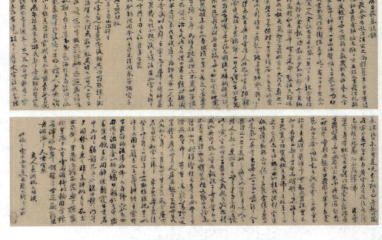

▲ 祝允明《唐寅墓志铭》

◇寂寞身后事◇

1523 年，唐寅的身体愈来愈差。这年秋天，应好友邀请去东山王家，但见苏东坡真迹一词中有两句："百年强半，来日苦无多"，正好触动唐寅心境，他一阵悲伤，告别回家后，不久便离开人世。

唐寅死后被葬在桃花坞北，1547 年迁葬到横塘镇王家村。他逝世后由其亲友王宠、祝允明、文徵明等凑钱安排后事，祝允明写了千余字的墓志铭，后世有关唐寅的生平事迹大多是从这篇墓志铭中得到的。唐寅仕途坎坷，晚境凄凉，身后诗文几近散佚。明万历年间（1573～1620），常熟书斋何君立仰慕唐寅的诗文和为人，不惜重金征求片纸只字，为他搜集整理诗赋辞章，将唐寅生前散佚的近百首（篇）诗文核阅后付梓，于是唐寅有了第一个较完善的诗文集传世，一时洛阳纸贵。后来，常熟书商毛晋也十分敬重唐寅的才情为人，他在编录《明诗纪事》及《海虞古今文苑》时，特地详细收录了唐寅生前诗文和轶事，丰富和完善了唐寅诗文内容，为后代积累了生动的文化资料。

▲ 江苏苏州市郊横塘唐寅墓

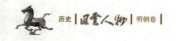
◇唐伯虎点秋香◇

关于唐寅，有不少民间传说，最出名的当属唐伯虎点秋香。历史上确有秋香其人，且和唐寅同是生活在明代中叶。不过，她至少要比唐寅大20岁。秋香虽在金陵高张艳帜，但她二人之间实难发生风流韵事。倒是祝允明不知在什么场合见到秋香扇面，写了一首七绝："晃玉摇金小扇图，五云楼阁女仙居。行间看过秋香字，知是成都薛校书。"

《唐寅诗集》中有诗名曰《我爱秋香》，是一首藏头诗：

我画蓝江水悠悠，爱晚亭上枫叶稠。

秋月融融照佛寺，香烟袅袅绕经楼。

"唐伯虎点秋香"的雏形最早出现在明代的笔记伍小说中。

▲ 唐寅画作《小桥流水扇画》

其中明代小说家王同轨先生的《耳谈》，叙述的故事情节和现在我们知道的"唐伯虎点秋香"基本吻合。大意是说，苏州才子陈元超，性格放荡不羁。一次，他和朋友游览虎丘，与秋香不期而遇，秋香对陈公子粲然一笑。这一下让陈公子招架不住，于是暗访秋香踪迹。于是，陈公子乔装打扮，到官宦人家里做了两位公子的伴读书童。不久，陈元超觉得时机已到，因为他发现两位公子已经离不开他，便谎称要回家娶亲。两位公子说，府上有这么多婢女，你随便挑。陈公子说，既然这样，恭敬不如从命，我就点秋香吧。陈公子遂心如愿，与秋香结成姻缘。这就是《耳谈》中因笑传情，因情结缘的一个爱情故事。到了明朝末年，在小说家冯梦龙的手中，就变成了《唐解元一笑姻缘》。现在的"一笑""三笑"也是由此而来。

■历史评价 I

唐寅画得最多、成就最大的是山水画。唐寅足迹遍布名川大山，胸中充满千山万壑，这使其诗画具有吴地诗画家所无的雄浑之气，并化浑厚为潇洒。他的山水画大多表现雄伟险峻的崇山峻岭，楼阁溪桥，四时朝暮的江山胜景，有的描写亭榭园林，文人逸士悠闲的生活。他的山水人物画，大幅气势磅礴，小幅清隽潇洒，题材丰富多样。

唐寅不仅是著名的画家，而且也是诗人。他创作的诗，据不完全统计，约有 600 余首。其诗风婉华丽，通俗浅畅，即兴抒怀，以才情取胜。其诗文的内容多为揭露社会矛盾，抒发不平之气，包含较强的思想性。

唐寅的书法也很有名，渊源于赵孟頫和李北海，用笔秀润缜密，刚粟结合，意态端庄潇洒，但又在规整中具清润之姿。

■大事坐标 |

1470 年　生于今安徽凤阳县。

1498 年　应天府乡试，得第一名解元。

1514 年　任江西南昌宁王朱宸濠幕宾。

1523 年　寂寞离世，葬在江苏苏州桃花坞北。

■关系图谱 |

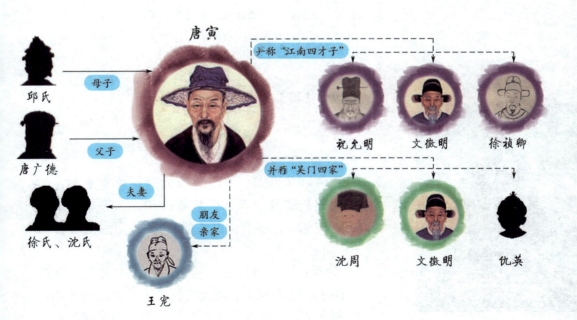

经世致用

王夫之

■ 名片春秋

王夫之（1619～1692），字而农，号姜斋，又称王船山，湖南衡阳人。中国朴素唯物主义思想的集大成者，与黄宗羲、顾炎武并称为"明末清初三大思想家"。王夫之晚年居南岳衡山下的石船山，著书立说，故世称其为"船山先生"。王夫之一生著述甚丰，其中以《读通鉴论》《宋论》为其代表之作。晚清重臣曾国藩极为推崇王船山及其著作，曾于金陵大批刊刻《船山遗书》，使王夫之的著作得以广为流传。近代湖湘文化的代表人物毛泽东、谭嗣同等皆深受船山思想之熏陶。王夫之主张经世致用的思想，坚决反对程朱理学，自谓"六经责我开生面，七尺从天乞活埋"。

■ 风云往事

◇一心向明◇

　　1643年八月，张献忠率农民军攻克衡阳，招王夫之兄弟往，乃与其兄避匿衡山。翌年，李自成攻克北京，王夫之闻变数日不食，作《悲愤诗》一百韵。

　　1646年，清兵南下进逼两湖，王夫之只身赴湘阴上书南明监军、湖北巡抚章旷，提出调和南北督军矛盾，并联合农民军共同抗清，但未被朝廷采纳。1648年，与管嗣裘、僧性翰等在衡山组织武

▲ 湖南衡阳王夫之故居内
王夫之塑像

装抗清失败，赴肇庆，任南明永历政权行人司。他连续三次上疏弹劾东阁大学士王化澄等贪赃枉法，结奸误国，几陷大狱。后得高一功仗义营救，方免于难。

▲ 湖南衡阳湘西村莱塘湾湘西草堂

1651年，王夫之回原籍，誓不剃发，不容于清朝当局，辗转流徙，四处隐藏，最后定居于衡阳金兰乡高节里。王夫之先住茱萸塘败叶庐，继筑观生居，又于湘水西岸建湘西草堂。1692年病逝。

南明永历政权灭亡后，王夫之誓不出仕。1660年，吴三桂在衡州称帝，其党强命王夫之写《劝进表》，遭到愤然拒绝。事后，王夫之逃入深山，作《祓禊赋》，表达了自己对吴三桂的怨恨与蔑视。

◇学富五车◇

王夫之学问渊博，对天文、历法、数学、地理学等均有研究，尤精于经学、史学、文学。在哲学上，他总结并发展了中国传统的唯物主义。他认为"尽天地之间，无不是气，即无不是理也"，以为"气"是物质实体，而"理"则为客观规律。他又以"细蕴生化"来说明"气"变化日新的辩证性质，他认为"阴阳各成其象，则相为对，刚柔、寒温、生杀，必相反而相为仇"。他强调"天下唯器而已矣"，"无其器则无其道"，由"道器"关系建立其历史进化论，反对保守退化思想。又认为"习成而生与成"，人性随环境习俗而变化，所以"未成可成，已成可革"，而教育要"养其习于蒙童"。在知行关系上，他强调行是知的基础，反对陆王"以知为行"及禅学家"知有是事便休"观点。在政治上，他反对豪强大

▲ 1865年出版的《船山遗书》

▲ 岳麓书院正门

地主，认为"大贾富民"是"国之司命"，农工商业都能生产财富。在文学方面，他善诗文，工词曲。所作《诗绎》《夕堂永日绪论》，论诗多见解独到。所著经后人编为《船山遗书》。其一生坚持爱国主义和唯物主义的战斗精神，至死不渝。其中他在哲学上最重要的有《周易外传》《尚书引义》《读四书大全说》《张子正蒙注》《思问录》（内外篇）、《黄书》《噩梦》等。墨迹传世稀少，《大云山歌》书风神清气舒，可谓难得珍品。

明代的思想，是对历代思想的一次大综合，明代学者们对以往思想界指摘弊病，十分中肯。

在历史观和政治思想方面，王夫之有独到的见解，大都表现在他的《读通鉴论》和《宋论》两部书里。据王夫之的儿子王敔在《姜斋公行述》的说法，王夫之末年作《读通鉴论》30卷，《宋论》15卷，以上下古今兴亡得失之故，制作轻重之原。诸种卷帙繁重，皆楷书手录。贫无书籍纸笔，多假之故人门生，书成因以授之。其藏于家与子孙言者，无几焉。由此可看出，这些书的写作过程非常艰苦。

王夫之一生著书320卷，录于《四库全书》的有《周易稗疏》《考异》《尚书稗疏》《诗经稗疏》《春秋稗疏》等。岳麓书院建船山专祠，以纪念这位不朽的大师。王夫之，在1689年其自题墓石中说："有明遗臣行人王夫之……自为铭曰："抱刘越石之孤愤而命无从致，希张横渠之正学而力不能企，幸全归于兹丘，固衔恤以永世。'戊申纪元后三百年十有年月日男勒石。"他特别告诫儿子说："墓石可不作，徇汝兄弟为之，止此不可增损一字。"

◇超越时代的思想◇

王夫之主张人性变化发展，强调理欲统一的道德学说。他提出了"性者生理也"的观点，认为仁义等道德意识固然是构成人性的基本内容，但它们离不开"饮食起居，见闻言动"的日常生活，这两者是"合两而互为体"的。在他看来，人性也并非一成不变的，它"日生而日成"。人性的形成发展，就是人们在"习行"中学、知、行的能动活动的过程，以此否定人性二元论、人性不变论的观点。王夫之还反对程朱学派"存理去欲"的观点，肯定道德与人的物质生活欲求有着不可分割的联系。他认为，物质生活欲求是"人之大共"，"有欲斯有理"，道德不过是调整人们的欲求，使之合理的准则。他也反对把道德同功利等同起来的倾向，强调"以理导欲""以义制利"，认为只有充分发挥道德的作用，社会才能"秩以其分""协以其安"。从上述观点出发，王夫之主张生和义的统一，强调志节对人生的意义，认为人既要"珍生"，又要"贵义"，轻视生命、生活是不行的，但人的生命、生活不依据道德准则，也没有价值。他指出：志节是人区别于动物的标志，一个人应当懂得生死成败相因相转的道理，抱定一个"以身任天下"的高尚目标，并矢志不渝地为之奋斗。

王夫之的伦理思想没有超出封建主义的范畴，但其中包含着一些启蒙思想因素，具有爱国主义精神，对中国近代改良主义思想的形成产生了深远影响。

岳麓书院

位于湖南长沙湘江西岸，为中国古代著名四大书院之一，现为岳麓山风景区重要观光点。书院始建于北宋开宝九年（976），历经宋、元、明、清时势变迁，迄及1903年改制为湖南高等学堂，1926年正式定名为湖南大学。

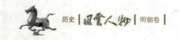

在历史观方面，王夫之系统地批判了历代史学中弥漫着的神学史观和复古谬论，把对当时湘桂少数民族生活的实地观察与历史文献研究结合起来，大胆地打破美化三代古史的迷信，驳斥了"厚古薄今"的观点，阐明了人类历史由野蛮到文明的进化过程。依据他"理依于气""道器相须"的一贯思想，提出了"理势相成"的历史规律论和"即民见天"的历史动力论。

在发展观方面，王夫之综合以往丰富的认知成果，并对自己所面对的复杂的社会矛盾运动进行了哲学概括，对中国古代辩证法的理论发展做出了重要贡献。

■历史评价 I

谭嗣同评价王夫之为"万物招苏天地曙，要凭南岳一声雷"。章太炎称道"当清之季，卓然能兴起顽懦，以成光复之绩者，独赖而农一家而已"。苏联人弗·格·布洛夫称："研究王船山的著作是有重要意义的，因为他的学说是中世纪哲学发展的最高阶段……他是真正百科全书式的学者。"

王夫之的哲学思想是17世纪中国特殊历史条件下时代精神的精华，在中国哲学史上占有很高的地位。但他的哲学思想受时代和阶级的局限具有两重性，既显示出可贵的价值，又有受到封建传统意识严重束缚的弱点。王夫之的思想反映了17世纪中国的

▲ 湖南衡阳王夫之故居

时代矛盾。

王夫之学识渊博，有《周易外传》《张子正蒙》《尚书引义》《读四书大全说》《老子衍》多部著作问世。他后半生潜修 17 年，遗著 800 余万字。他也是反清复明的志士之一，为反抗清朝做了不屈的斗争。其著作逐步受到人们的重视，已有多种外文译本出版。

■大事坐标 |

1619 年	出生。
1633 年	中秀才。
1642 年	与其兄同中举人。
1648 年	在衡阳举兵抗清，阻击清军南下，战败退肇庆。
1652 年	李定国率大西农民军收复衡阳，派人招请王夫之，未去。
1664 年	写成《永历实录》，记述永历政权兴衰。
1692 年	病逝。

■关系图谱 |

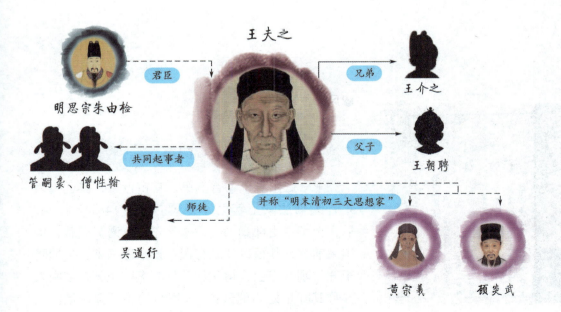

全能大儒

王守仁

■名片春秋

王守仁（1472～1529），字伯安，号阳明子，世称阳明先生，故又称王阳明，浙江余姚人。明代最著名的思想家、哲学家、文学家和军事家。陆王心学之集大成者，精通儒家、佛家、道家，能够统军征战，是中国历史上罕见的全能大儒。被封为"先儒"，奉祀孔庙东庑第58位。王守仁的一生，著作甚丰。他死后，由门人辑成《王文成公全书》38卷，其中在哲学上最重要的是《传习录》和《大学问》。

■风云往事

◇书香门第◇

王守仁出身于书香门第、官宦世家，其远祖为东晋大书法家王羲之。其父王华是1481年状元，后官至南京吏部尚书。据《王守仁年谱》记载，他出生前夕，其祖母梦见有人从云中送子来，梦醒时王守仁刚好出生，祖父便为他起名叫王云，乡中人亦称其降生处为瑞云楼。5岁时他还不会说话。一天一位高僧经过，抚摸他的头说"好个孩儿，可惜

▲《传习录》书影

道破"，意指他的名字"云"道破了他出生的秘密。其祖父恍然醒悟，遂更其名为守仁，此后他便开口说话了。这个故事有点神话色彩，但可以看出他幼年时并未显示出过人的聪慧和才华。

◇童年生活◇

王守仁10岁时，父亲高中状元，于是他随父赴京。路过金山寺时，父亲与朋友聚会，在酒宴上有人提议作诗咏金山寺。大家还在苦思冥想，王守仁已先一步完成："金山一点大如拳，打破维扬水底天。醉倚妙高台上月，玉箫吹彻洞龙眠。"四座无不惊叹，大家又让他作一首赋蔽月山房诗，王守仁随口诵出："山近月远觉月小，便道此山大于月。若人有眼大如天，还见山小月更阔。"作诗一事，表现出王守仁具有非凡的想象能力。

王守仁十一二岁在京师念书时，他问塾师："何谓第一等事？"老师说："只有读书获取科举名第。"他说："第一等事恐怕不是读书登第，应该是读书学做圣贤。"尽管如此，他从年少时代起就从不循规蹈矩，所有记载都说他自少"豪迈不羁"。如13岁丧母后，继母待他不好，他竟买通巫婆捉弄其继母，使得她从此善待他。他学习并非十分用功，常常率同伴做军事游戏。年轻时他出游边关，练习骑马射箭，博览各种兵法秘籍，遇到宾客常用果核摆列阵法。

◇龙场悟道◇

1506年，王守仁因反对宦官刘瑾，被廷杖四十，谪贬至贵州龙场（贵阳府修文县治，现为贵州省修文县龙场镇任驿丞）。他来到中国西南山区，龙场万山丛薄，苗、僚杂居，使他对《大学》的中心思想有了新的领悟。王守仁认为，心是万事万物的根本，世界上的一切都是心的产物。他认识到"圣

驿丞

古代管理驿站的官职，主管来往官员休息住宿等事宜。

143

▲ 浙江宁波余姚王守仁故居

人之道，吾性自足，向之求理于事物者误也。"在龙场这既安静又艰难的环境里，王守仁结合历年来的遭遇，日夜反省。一天夜里，他忽然顿悟，即著名的"龙场悟道"。

这段时期他写了"训龙场诸生"。其众多弟子对于他的"心外无理，心外无物"理论迷惑不解，向他请教说："南山里的花树自开自落，与我心有何关系？"他回答说："尔未看此花时，此花与尔心同归于寂。尔来看此花时，则此花颜色一时明白起来，便知此花不在尔的心外。"

◇擒获宁王◇

平定南昌的宁王朱宸濠之乱是王守仁一生最大的军事功绩。王守仁去福建剿匪时，所率部队行军刚到丰城，宁王朱宸濠突然举兵叛乱。因此王守仁积极备战，调配军粮，修治器械，然后发出讨贼檄文，公布宁王的罪状，要求各地起兵勤王。

当时，王守仁最为担心的就是宁王朱宸濠挥师东下，占领故都南京。如果南京失守，宁王就有了称帝的资本，同时也占据了地利，那就不容易消灭了。王守仁虚张声势，利用假情报，在城中扰乱宁王的视线，逼他做出错误的判断，以为各路大军已经组成合围态势。他同时使用反间计，命人携蜡丸潜入南昌，使宁王猜疑自己部下进攻南京的策略。宁王果然上当，半个月内犹豫观望、不知所措，不敢发兵攻打南京。他利用这一时机，做好了防守南京的准备，使宁王欲攻南京已无可能。

1519年，宁王率军6万攻下九江、南康，渡长江攻安庆。王守仁这时已经调集了8万大军（主要为各地民兵与农民），对外号称30万。王守仁召集部下问应如何退敌。有人指出应该急救安庆，王守仁说："现在九江、南康已经被敌军占领，如果我们趁过南昌跨江救援安庆，就会腹背受敌。现在南昌空虚，我军锐气正盛，可以一举攻破。敌军听说南昌失守，定会回师来救，这时我们在鄱阳湖迎击他，肯定能取得胜利。"

幸好在此之前做了大量的宣传工作，谎称有大量军队攻城，南昌竟然不攻自破，停了两日，王守仁便派诸将分五路迎击回援南昌的宁王大军。四路分兵迎进，一路设伏。交战以后，宁王大军很快腹背受敌，被分割成几部分，后又中了埋伏，惨遭大败，溃逃退守八字脑地区。宁王发现局势不妙，急忙调九江、南康的精锐部队出击，王守仁派几路大军迎战并取南康。

这一战十分激烈。官军一度退却，王守仁部将伍文定立即斩杀了后退之人，命令诸军一决死战，最后终于打败了敌人。敌军退保樵舍地区，将大船结成方阵，宁王拿出金银珠宝犒赏将士，冲锋者赏千金，负伤者赏百金，要求他们拼死一搏。

▲ 浙江绍兴仙霞山王守仁墓

但宁王军队的方阵被王守仁看出破定，他决定效仿赤壁之战，放火烧船。第二天，宁王群臣聚集在一起，正在船上召开"早朝"会议，王守仁大军杀到，用小船装草，迎风纵火，烧毁了宁王的副船，王妃娄氏以下的宫人以及文武官员们纷纷跳水。宁王的旗舰搁浅，不能行动，仓促间换乘小船逃命，被王守仁的部下王冕率部追上擒获，宁王的其他文武大臣也成了阶下囚。不久，南康、九江也被官军攻陷，宁王之乱全面平息，前后只用

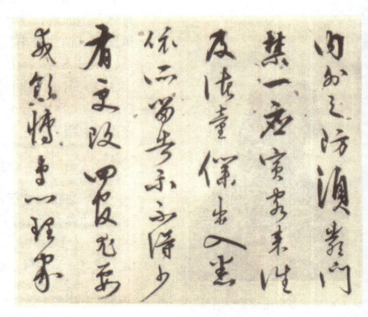

▲ 王守仁家书

145

▲ 王守仁书法作品

▲ 贵州龙冈山修文阳明洞
王守仁塑像

了 35 天。王守仁因此获得"大明军神"之称。

后来，明武宗以"总督军务威武大将军总兵官朱寿"之化名出征，江彬意欲挑唆武宗与宁王演再打一仗并亲自俘获的游戏。王守仁对宦官张永动之以情、晓之以理，说明这样做会死更多人。最后的协调结果是：等明武宗到了南京，再放出宁王，让皇帝俘虏高兴一下。

1527 年，王守仁总督两广军务，击溃瑶族和僮族等少数民族的地方武装。因功被封为光禄大夫、柱国、新建伯，世袭，岁禄一千石，但铁券和岁禄都没有发放。

◇政治主张◇

王守仁主张明"赏罚"以提高统治效力，行德治礼教以预防"犯罪"。他认为，赏罚乃"国之大典"，应当受到充分重视和正确地加以使用；行德治教化以缓和阶级矛盾，减少犯上作乱。他说："民穷必有盗贼"，认为老百姓已经贫困不堪，还要没有休止地征敛，就等于驱使他们去作盗贼。他强调执法要"情法交申"，区别对待。他反对"贪功妄杀，玉石不分"。在"行法以振威"的原则下，他已注意到运用法律的灵活性问题。主张重视"纲纪"，整肃执法之吏，杜绝"法外之诛"，在他看来，"法之不行，自上犯之"。

◇病逝归途◇

两广之役后，王阳明肺病加急，上奏朝廷请求回老家休养，于 1529 年病逝于江西南安兵中。在临终之际，他说："此心光明，亦复何言！"去世后被谥文成，后又追封为新建侯，1584 年从祀于孔庙。

■历史评价 |

　　王守仁是我国宋明时期心学的集大成者。他发展了陆九渊的学说，被称为"陆王学派"，用以对抗程朱学派。王守仁的"知行合一"和"知行并进"说，旨在反对宋儒如程颐等"知先后行"以及各种割裂知行关系的说法。王守仁倡"君子之学，唯求其是"的"求是"学风，并多有阐发。直至今日，"求是"精神仍然十分重要，浙江大学把它作为校训的一部分。他的学说以"反传统"的姿态出现，在明代中期以后，形成了阳明学派，影响很大。他的徒弟遍布全国各地。死后，"王学"昌分成几个流派，但同出一宗，各见其长。他的哲学思想远播海外，特别对日本学术界产生很大的影响。日本大将东乡平八郎就有一块"一生伏首拜阳明"的腰牌。王守仁不只是哲学家、教育家，也是一位诗人。他一生事功赫赫，被称之为"真三不朽"。

■大事坐标 |

1472 年	出生。
1506 年	被廷杖四十，贬谪贵州龙场驿丞。
1519 年	平定宁王叛乱。
1527 年	总督两广军务。
1529 年	病逝于江西南安舟中。

■关系图谱 |

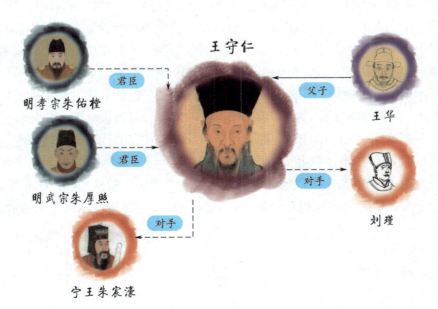

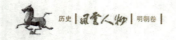

第三编

科学技术篇

　　中国古代科学技术源远流长，曾经长期处于世界科学技术发展的前列。尽管到隋唐逐渐出现理论研究日益滞后的趋势，但技术进步仍势头强劲，到了明朝，科学技术在宋元发展的基础上取得同样辉煌的成就。

　　首先，各种总结性的科学技术著作大批量地出现，其中《天工开物》是最有代表性的一部科技巨著。《天工开物》对宋元以来中国古代的生产技术进行了总结，包括从盐、糖、油、酒、朱墨等日用生活品的生产，到交通工具的制造，以及冶炼、生产器具的创制，农业机械工具的制造与使用，等等，除了这一百科全书式的科技巨著外，明代也出现了大量专门性的科学著作，黄成的《髹饰录》和计成的《园治》就是其中的代表作。《髹饰录》是世界上现存最早的关于漆器技术的专著，集我国古代漆器生产制作技术的大成，直到今天仍然是漆器制造业中的经典之作。而《园治》则总结了中国传统园林，尤其是江南园林建造的理论原则，至今这些原则仍然是中国古建筑尤其是园林建筑建造的指导性思想。

　　其次，在手工业生产领域，明朝达到了自唐宋以来的又一个高峰。主要体现在：明代棉纺织业的发展逐渐取代丝织业成为整个纺织行业的主导。采矿安全技术的进步也是明代的一大特色，在采矿中采取瓦斯抽出法，采矿安全措施由被动变为主动。而焦炭的出现则是明代的另一项重大成就。此外，在明代，中国人成功地冶炼出苏钢与金属锌，使我国成为世界上最早炼锌的国家。由于明代民间刻书之风大盛，使造纸业得到巨大的市场推动力，成为中国造纸业集大成的阶段，使造纸技术得到进一步发展。造纸技术的发展也带动了印刷技术的发展，尤其是铜活字在明代得到广泛的应用，是中国古代印刷业极为重要的发展阶段。彩色套印方法的发明，并首创蓝印，用靛青代黑墨印书则是明代在印刷技术上的重大突破。陶瓷业在明代逐渐迈向中国封建社会的顶峰。在当今收藏界，明代官窑以及民窑的瓷器已经成为众多收藏家万金难求的珍品。明代的建筑业也达到一个无法逾越的高峰，明长城、武当山金殿、北京天坛等体现出建筑业与金属铸造、声学等技术的完美结合。

鲁班再世

蒯祥

■名片春秋 |

蒯祥（1397～1481），人称"蒯鲁班"，苏州吴县（今江苏吴县）人。明朝建立以后，明太祖朱元璋征召工匠建造南京都城，蒯祥参加了建造。明成祖朱棣继位以后，迁都北京。1417年，蒯祥被召到北京任"营缮所丞"，即现在的设计师和施工员。蒯祥按照南京的"奉天""华盖""谨身"三殿 在午门前设端门，端门前设承天门。蒯祥的设计技艺高超 受到皇帝的赞赏。后来他被提升为工部侍郎。1440年，蒯祥被受命建造乾清、坤宁二宫及英宗朱祁镇的陵墓。1465年，蒯祥参加承天门的第二次建造任务，这时他年届八十 督建仍一丝不苟。明宪宗朱见深称蒯祥为"蒯鲁班"。蒯祥死后，承天门经过多次修缮。1651年，清顺治帝福临将承天门改名为天安门。

■风云往事 |

◇工匠世家◇

蒯祥，字廷瑞，出生在江苏吴县。洪武年间（1368～1398），苏州地区商业经济发达，吴县香山一带形成了专门从事营造业的著名的香山帮。蒯祥

▲ 江苏苏州蒯祥牌位

▲ 天安门城楼

出身于木工家庭，祖父蒯思明、父蒯福都是有名的工匠。洪武初年，明太祖朱元璋征召天下工匠20余万至京师南京，兴建都城。蒯福被任命为"木工首"。因明代工匠为世袭，不能脱籍，蒯祥代承父职，成为"木工首"。他精于绘图，擅长画龙，北京承天门的主要设计图样出自蒯祥之手，后来重修承天门，也是由他设计和主持施工，明宪宗召见他时，称赞他为"蒯鲁班"。

◇蒯鲁班◇

蒯祥家族世代都为工匠。蒯祥自幼随父学艺，蒯福告老还乡后，他已在木工技艺和营造设计上声名鹊起，并继承父业，出任"木工首"。

1417年，明成祖朱棣迁都北京，蒯祥作为明成祖的随从人员，先期北上，参加皇宫建筑设计和大规模兴建皇宫城墙等工程。由于蒯祥的设计水平高人一等，被任命为皇宫重大工程的设计师。他的第一项任务就是负责设计和组织修建作为宫廷正门的承天门（今天安门）。这项工程在蒯祥运筹下于1421年竣工，其城楼形状与今天安门大致相仿，恢宏豪华胜过南京皇宫。承天门建成之后，受到文武百官称赞，永乐皇帝龙颜大悦。蒯祥因技艺精湛、身手超群被提升为工部营缮所丞。

◇技艺高超◇

▲ 太和殿

蒯祥在施工过程，经过刻苦钻研，练就了一手绝技：他能双手握笔，同时画出两条龙，将两条龙合拢在一起，分毫不差。承天门的主要设计图样就出自他之手。另据史志记载，皇宫中大量的殿阁楼榭、回廊曲宇都由他随手测绘，获得了皇帝赞赏。明代宗朱祁钰景泰年间（1450～1456），蒯祥因功擢升为工部左侍郎。明宪宗朱见深于1465年重修承天门，也是由他设计和主持施工的。宪宗召见他时，昵称他为"蒯鲁班"，可见对他的倚重。现南京博物馆有一张《明宫城图》，上面有明人所绘蒯祥画像，由此可见，他对承天门和整个宫城设计的功绩的意义重大。

明朝多项重大的皇室工程都是由蒯祥参加或主持的。1456 年负责建造的主要工程有北京皇宫（1417）、皇宫前三殿（1440）、长陵（1413）、献陵（1425）、裕陵（1464）、北京西苑（今北海、中海、南海）殿宇（1460）、隆福寺（1452）等，充分表现了他在规划、设计和施工方面的杰出才能。

▲ 江苏苏州吴中区蒯祥墓

据《明史》及有关建筑专著评介，蒯祥在建筑学上的创造达到炉火纯青的程度。他精通尺度计算，每项工程施工前都做了精确的计算，工程竣工之后，位置、距离、大小尺寸与设计图分毫不差，几何原理掌握得相当好，榫卯技巧在建筑艺术上有独到之处。中国古代的建筑大多是木结构，其关键在于主柱和横梁之间的合理组合。蒯祥在用料、施工等方面都精心筹划，营造的榫卯骨架都结合得十分准确、牢固。在北京皇宫府第的建筑中，蒯祥还将江南的建筑艺术巧妙地运用其中，采用苏州彩画、琉璃金砖，使殿堂楼阁显得富丽堂皇。

◇品格高尚◇

蒯祥在京 40 多年，先后兴建的二程徐承天门外，还有故宫的太和、中和、保和三大殿，以及两宫、五府、六衙署等，晚年还亲自主持明十三陵中裕陵的建造。蒯祥因有功于朝廷，从一名工匠逐步晋升，直至被封为工部左侍郎，授二品官，享受一品官俸禄、锦衣玉千户和"赠三代、荫二子"的优厚待遇。难能可贵的是，蒯祥虽任高官，却不改工匠本色，恭谨俭朴如昔，出门从不乘车坐轿，年岁大了主动要求退隐。重大营造工程时，他常亲临指导，传受技艺不遗余力，品格可谓高尚。

蒯祥逝于 1481 年，后人将他葬于故乡太

▲ 江苏苏州蒯祥纪念园

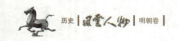

湖之滨，墓碑右侧立有明英宗钦赐的"奉天诰命"碑。人们为了纪念他，把他在北京住过的一条胡同命名为"蒯侍郎胡同"，成为营造业工匠的聚会之所。20世纪60年代初，蒯祥墓重修，被列为江苏省重点文物保护单位，而"蒯鲁班"留下的建筑天安门也成为华夏的瑰宝、民族之光。

■ 历史评价 |

蒯祥以其智慧、勤奋和机遇，从一个普通的木匠成长为一位建筑大师，也实现了一个工匠到朝廷官吏的华丽转身。蒯祥是"香山匠人"□的杰出代表。在他的影响下，"香山匠人"成为建筑行业里一个重要的流派，发挥着重大的作用。明万历年间他们曾成功地建造了开元寺藏经楼，这座建筑不用寸木，以筒形拱顶结构代替木制屋架和楼板，俗称"无梁殿"。这朵建筑业中的奇葩，就出自"香山匠人"之手。明代北京宫殿和陵寝是现存中国古建筑中最宏伟、最完整的建筑群。正是有许多像蒯祥这样的巨匠，才给我们留下买这么多的宏伟建筑。

■ 大事坐标 |

1397 年 ↑ 出生。
1417 年 | 主持承建北京皇宫。
1421 年 | 完成承天门即今天安门的修建。
1464 年 | 主持明十三陵中裕陵的建造。
1481 年 ↓ 去世。

■ 关系图谱 |

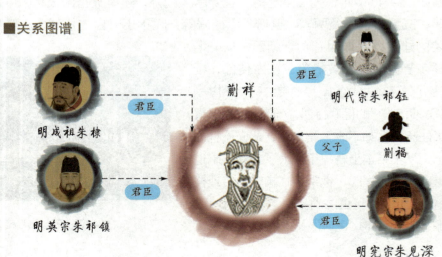

蒯祥

明代宗朱祁钰

君臣

明成祖朱棣

君臣

父子

蒯福

明英宗朱祁镇

君臣

君臣

明宪宗朱见深

医药名家

李时珍

■名片春秋Ⅰ

李时珍（1518～1593），字东璧，晚年自号濒湖山人，湖北
蕲州（今湖北蕲春蕲州）人。中国古代伟大的医学家、药物
学家。他曾参考历代有关医药及学术书籍800余种，结合自
身经验和调查研究，历时27年编成《本草纲目》一书。这
是我国古代药物学的总结性巨著，在国内外均有很高的评价，
有多种文字的译本或节译本。另著有《濒湖脉学》等。

■风云往事Ⅰ

◇矢志从医◇

　　李时珍出身于医药世家，祖父为"铃医"，父亲李
言闻也是当地名医。那时，民间医生地位很低，李家
常受官绅的欺侮。因此，父亲决定让二儿子李时珍读
书应考，以便一朝功成，出人头地。李时珍自小体弱
多病，然而性格刚直纯真，不屑于空洞乏味的八股文。
自14岁中了秀才后的九年中，他曾三次到武昌考举人，
但都均名落孙山。于是，他放弃了科举做官的打算，
专心学医，并向父亲表明决心。李言闻看出儿子的心

铃医

即走方郎中。古时行医之时，
郎中身负药箱、手摇串铃，成
年累月地于村市街巷往来奔
走，为百姓除灾治病。

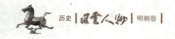

太医院

官署名。掌医药，主要为宫廷服务。明代太医院，其长官初始称作太医院令，后改称院使。

思不在仕途，终于同意儿子的要求，并精心地教他医术。李时珍刻苦努力，智慧超人，很快便小有成就。

◇钻研医术◇

李时珍在行医过程中博览医书，在临床实践中，他发现古代的本草书籍错误很多，于是，他决心要重新编纂一部本草书籍。从31岁那年，他就开始酝酿此事。为了"穷搜博采"，李时珍读了大量参考书。家藏的读完了，他就利用行医的机会，向本乡豪门大户借阅。

后来，他进了武昌楚王府和北京太医院，读的书就更多，简直成了"书迷"。在编写《本草纲目》的过程中，最使李时珍头痛的就是由于药名的混杂，使药物的形状和生长的情况十分不明。过去的本草书，虽然对此做了反复的解释，但是由于有些作者没有深入实际进行调查研究，而是在书本上抄来抄去，在"纸上猜度"，所以越解释越乱，经常互相矛盾，使人莫衷一是。

在父亲的启示下，李时珍认识到，"读万卷书"固然重要，"行万里路"亦不可少。于是，他既"搜罗百氏"，又"采访四方"，深入实际进行调查。李时珍穿上草鞋，背起药筐，在徒弟庞宪、儿子建元的伴随下，远涉深山旷野，遍访名医宿儒，搜求民间验方，观察和收集药物标本。

当时，道士们都称太和山五龙宫产的"榔梅"是吃了"可以长生不

▲ 李时珍采药

老的仙果"。他们每年采摘回来，进贡给皇帝，官府严
禁其他人采摘。李时珍不信道士们的鬼话，要亲自采
来试试，看看它究竟有什么功效。于是，他不顾道士
们的反对，竟冒险采了一个。经研究，发现其与普通
的桃子、杏子一样，仅能生津止渴而已，只是一种变
了形的榆树的果实，并没有其他的特殊功效。

李时珍经过长期的实地调查，搞清了药物的许多
疑难问题，为《本草纲目》的写作打下了基础。

李时珍 38 岁时，皇帝征招医官，下令各地选拔医
技精湛者到太医院就职，于是在武昌楚王府的李时珍
也被推荐到了北京。太医院的工作经历，给他的一生
带来了重大影响，为他创作《本草纲目》埋下很好的
伏笔。

▲ 《本草纲目》中的插图

这期间，李时珍非常积极地从事药物研究工作，
经常出入于太医院的药房及御药库，认真仔细地比较、
鉴别全国各地的药材，搜集了大量的资料。与此同时，
他还从宫廷中获得当时民间的大量本草相关信息，并
看到了许多平时难以见到的药物标本，这些经历使他
大大地开阔了眼界，丰富了知识。

在李时珍任职太医院前后的一段时期，经长时间
准备之后，李时珍开始了《本草纲目》的写作。在编
写过程中，他脚穿草鞋，身背药篓，带着学生和儿子
建元，翻山越岭，访医采药，足迹遍及河南、河北、
江苏、安徽、江西、湖北等广大地区，以及牛首山、
摄山（今栖霞山）、茅山、太和山等大山名川，走了上
万里路，倾听了千万人的意见，参阅各种书籍 800 余种，
1578 年，历时 27 年，李时珍终于完成了《本草纲目》。

◇医药巨典◇

《本草纲目》集李时珍 27 年的心血，分为 16 部、
52 卷，约 190 万字。全书收纳诸家本草所收药物 1 518

▲ 浙江杭州浙江大学校内李时珍雕像

种，在前人基础上增收药物374种，合1892种，其中植物1195种；共辑录古代药学家和民间单方11096则；书前附药物形态图1100余幅。这部伟大的著作吸收了历代本草著作的精华，尽可能地纠正了以前的错误，补充了不足，并有很多重要发现和突破，它是当时乃至16世纪中国最系统、最完整、最科学的一部医药学著作。

面对浩瀚的本草宝库，如何利用便成为最关键的问题，可以说这是李时珍最大的贡献之一。他不仅解决了药物检索等问题，更重要的是在书中体现了他对植物分类学的新见解，以及可贵的生物进化发展思想。李时珍打破了自《神农本草经》以来，沿袭了1000多年的上、中、下三品分类法，把药物分为水、火、土、金石、草、谷、菜、果、木、器服、虫、鳞、介、禽、兽、人共16部，包括60类。每药标正名为纲，纲之下列目，纲目清晰。书中还系统地记述了各种药物的知识，包括校正、释名、集解、正误、修治、气味、主治、发明、附录、附方等项，从药物的历史、形态到功能、方剂等，叙述甚详。尤其是"发明"这项，主要是李时珍对药物观察、研究以及实际应用的新发现、新经验，这就更加丰富了本草学的知识。他不仅提示了植物之间的亲缘关系，而且还统一了许多植物的命名方法。

《本草纲目》虽然是一部药物学专著，但它同时还记载了与临床关系密切的诸多内容。原书第3、第4卷为"百病主治药"，记有113种病症的主治药物，其中第3卷外感和内伤杂病中，就包括有专门治疗伤寒热病、咳嗽、喘逆类的药物，第4卷则主要为五官、

▲ 湖北蕲春李时珍纪念馆

外科、妇、儿科诸病。 此外，《本草纲目》中收载各类附方11 096首，涉及临床各科，包括内科、外科、妇科、儿科、五官科等，其中2 900余首为旧方，其余皆为新方。治疗范围以常见病、多发病为主，所用剂型亦是丸、散、膏、丹俱全，且许多方剂既具科学性，又简便之特点，兼具实用性。

李时珍于1593年逝世。他逝世后遗体被安葬于湖北蕲春蕲州竹林湖村。到今天为止，蕲州一带的中医每年清明都要到他的墓地朝拜，许多人常把坟头的青草带回家以消灾灭病。李时珍一生著述颇丰，除代表作《本草纲目》外，还著有《奇经八脉考》《濒湖脉学》《五脏图论》等10种著作。

▲ 湖北蕲春蕲州李时珍墓

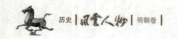

■历史评价 |

　　李时珍经过长期而艰苦的实地调查，解决了药物的许多疑难问题，于万历年间完成了《本草纲目》的编写。《本草纲目》是我国药物学的空前巨著，纠正前人错误甚多，在动植物分类学等许多方面有突出成就，并对其他有关的学科如生物学、化学、矿物学、地质学、天文学等也做出贡献。达尔文称赞它是"中国古代的百科全书"。可以毫不夸张地说，它是中国药学史上的重要里程碑。李时珍的一生，成果卓著，功绩彪炳，为祖国的医药事业做出了巨大的贡献。他不仅是中华民族的骄傲，也是公认的世界文化名人。《本草纲目》从17世纪初开始就在医药学界不胫而走，辗转传往世界各地，先后被译成日、德、法、英、俄、拉丁等十几种文字，被公认为"东方医学的巨典"。

■大事坐标 |

1518 年 ↑ 出生。

1556 年 　被举荐到太医院任职。

1578 年 　完成了《本草纲目》的编写工作。

1593 年 ↓ 去世。

■关系图谱 |

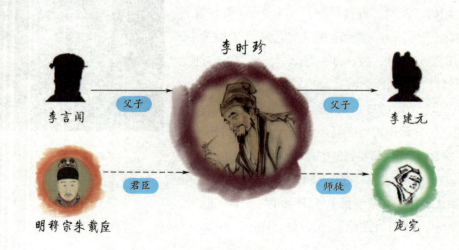

科学巨匠

宋应星

■名片春秋 ┃

宋应星（1587 ~ 约1666），字长庚，汉族。南昌奉新（今属江西）人。明末科学家。1615年中举。1634年任江西分宜教谕，1638年为福建汀州推官，1641年为安徽亳州知州。明亡后弃官归里，终老于乡。在当时商品经济高度发展、生产技术达到新水平的条件下，他在江西分宜教谕任内著成《天工开物》一书。另有《野议》《论气》《谈天》《思怜诗》《画音归正》《卮言十种》等，但今已佚失。

■风云往事 ┃

◇官宦世家　志在科学◇

　　宋应星出身于书香世家。其曾祖宋景为明孝宗朱佑樘弘治十八年（1505）进士，历任山东参政、山西左布政使、南京工部尚书转兵部尚书，进京师都察院左都御史（正二品），卒赠太子少保、吏部尚书，谥庄靖，是明代中期重要阁臣。宋景为官清廉，曾参与推行"一条鞭法"的改革，史称其"有古大臣风"，对宋氏家族后代有很大影响。宋应星祖父承庆为宋景的第

▲ 江西南昌宋应星雕像

159

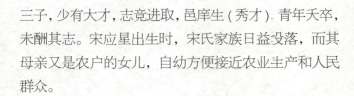

三子，少有大才，志竞进取，邑庠生（秀才）. 青年夭卒，未酬其志。宋应星出生时，宋氏家族日益没落，而其母亲又是农户的女儿，自幼方便接近农业生产和人民群众。

◇才大博学 勤于著述◇

宋应星幼时与长兄宋应升在叔祖宋和庆创办的家塾内读书。7岁时投师于族叔宋国祚，不久就学于新建举人邓良知。年方16岁考入本县县学，入庠九载。他自幼聪颖好学，学业成绩之佳为师长所惊奇。宋应星青年时代已经熟读经史及百家书，对程朱理学有较深钻研，又能独立思考。他尤其推崇张载的关学，从中接受了唯物主义自然观。同时，他对自然科学技术很有兴趣，熟读过李时珍的《本草纲目》等著作，还喜欢音乐、美术，对时事政治也特别关心，怀有济国济民的理想，常与同窗好友细谈天下大事。

1615年，宋应星与长兄宋应升赴南昌参加乡试，考取第三名举人，其兄名列第六，县中诸生只有他们兄弟中举，人称"奉新二宋"。当年秋赶往京师应次年丙辰科会试，未中。为做好再应试的准备，他们前往九江府享有"海内第一书院"之誉的白鹿洞书院进修，投师于洞主舒曰敬。1619年，他们又一次进京会试，仍然名落孙山。此后又在天启及崇祯初年再次参加会试，结果均未得中，从此遂绝科举之念。1635年，在老母被兄宋应升接到浙江后，宋应星出任袁州府分宜教谕，主要是教授县学生员。任职四年，取得了优良教育成绩，使当地"士风丕振"。更重要的是，

▲ 江西九江庐山五老峰南麓
　白鹿洞书院

▲ 宋应星画像

他有足够业余时间从事写作，他的主要作品基本上都作于此时。

1643 年，宋应星再任南直隶凤阳府亳州知府。此时明王朝已濒临灭亡。他到任后，州内医战乱破坏，连升堂处所都没有，官员大多出走。他几经努力重建，使之初具规模，又捐资在城内建立了书院。次年初，亳州周围已被李自成的农民军包围，宋应星弃官返回了奉新。其兄宋应升原已升至广州知府，1644 年后也无意恋官，最终挂冠归故里。宋应星生前教导子孙，既不要科举，又不要做官，子孙皆需奉此遗训，在家安心耕读。

◇天工开物　科学大家◇

《天工开物》是宋应星最主要的代表作。全书 3 卷 18 篇，所叙内容涉及中国古代农业和手工业 30 个生产部门的技术和经验，几乎包括了社会全部生产领域。编次先后顺序是按照"贵五谷而贱金玉"的原则安排的，将与食衣有关的农业置于首，其次是有关工业，体现了作者重农、重工和注重实学的思想。

全书除文字叙述之外，还附有 123 幅插图配以说明，以展示工农业有关生产过程，生动而真实。书中绝大部分内容都是在南北各地实地调查的资料。

宋应星在叙述生产过程的同时，还发展了"穷究试验"的研究方法。他对各种迷信神圣、荒诞曰说都有所批判，如对炼丹术的批判更为激烈，从而在科学技术领域内注入一种新的科学精神。这是《天工开物》的最大特色，使人们耳目一新。

《天工开物》的可贵之处，在于记述了工农业生产中许多先进的科技成果。书中用技术数据给

▲ 《天工开物》插图

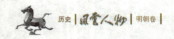
以定量的描述，显露出先进的科学思想和理论阐述，注重引入理论概念，而非单纯技术描述。宋应星以"天工开物"命名此书，实际上也以此展示他的一种具有普遍意义的科学思想，即天工开物思想或开物思想。这种思想强调天工与人工互补、自然界的行为与人类活动相协调，通过技术从自然资源中开发物产，以满足人的物质与精神生活的需要，从而在自然界面前彰显并发挥人的主观能动性。

◇评议政论　自选诗集◇

1636 年，宋应星的另一代表作——政论集《野议》刊行。

全书万言，不分卷，计有世运、进身、民财、士气、屯田、催科、军饷、练兵、学政、盐政、风俗及乱萌等 12 议，集中反映了他的政治及经济思想。写此书的目的是为了挽救明末社会所面临的政治及经济危机，提出一系列改革措施，期望国家由乱而治、转危为安，体现了这位科学家关心国家前途和民族命运的爱国思想。宋应星主张减免对人民的横征暴敛，呼吁罢除军界和政界中的贪官污吏，代之以廉洁奉公、一心为国的清官。其理想是在清官统治下，使工农获得温饱、商人有利可图、贫士有科举入仕机会，士农工商各安其业，全面发展农工商业，养兵练武，则国运或可有救。书中有很多精辟思想。宋应星的财富观是对经济学原理的天才贡献。此后一个多世纪，西方的亚当·斯密才于 1776 年提出同样思想。

《思美诗》刊于 1636 年，是宋应星自选诗集，内有《思美诗》10 首及《怜愚诗》42 首，共 52 首，均为七言诗。诗集反映了其人生观或人生哲学，以文学形式表达对人生

亚当·斯密（1723～1790），经济学的主要创立者，英国人。其著作《国富论》影响巨大，除了英国本地连欧洲大陆和美洲也为之疯狂，被世人尊称为"现代经济学之父"和"自由企业的守护神"。

▲ 江西宜春奉新宋应星纪念馆

价值和意义等问题的看法。其诗在艺术性上虽不及唐诗，但颇具哲理性和思想性。

▲ 江西宜春奉新宋应星纪念馆宋应星塑像

◇自然哲学　唯物史观◇

宋应星的《论气》专论自然哲学，刊于1637年。他将元气论与新五行说结合起来，用"二气五行之说"来解释万物构成的机制。他的这一理论比汉代王充、宋代张载的元气论更为深化与系统，也比当时西方用亚里士多德的四元素说（土火水气）解释万物生成更加具体。

《论气·气声篇》专门讨论自然科学中的声学问题。他的这些思想为此后声学的发展指出了正确方向。当时欧洲对声的传播媒介是空气，还是以太微粒或物质微粒，仍在争论不休。

宋应星对天文学也很有兴趣，其《观象》书稿本拟与《天工开物》同时问世，但临梓删去。现存其所著《谈天》，刊于1637年，主要为说日，指出日食、月食是自然现象，与人类社会活动没有任何关系。宋应星还写下历史作品《春秋戎狄解》（1644），借古喻今，伸张民族大义，在南方制造抗清舆论。他的《美利笺》是文学创作，也有政治含义。由此可见，宋立星是一位在自然科学和人文科学两大领域内涉猎极广的学者。

■历史评价 |

宋应星的生活时代适值明末，他目睹了官场弊端丛生的黑暗现象，最终与科学仕途决裂，转向实学，研究农业和手工业生产技术，进行了多年考察和广泛的社会调查。这一切都为他日后撰写《天工开物》等著作做了准备。他虽历尽艰辛、跋涉万里未得一进士功名，却获得极珍贵的科学技术知识和社会见闻，思想更为激进，成为对旧学术传统持批判态度的富有启蒙思想的代表人物。他是百科全书式的学者，样样精通。

《天工开物》一书是对中国传统农业和手工业生产技术的系统而全面的总结，在体例上首开先例，足可与西方文艺复兴时期技术经典阿格里科拉的《矿冶全

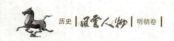
书》（1556）相媲美。初刻本刊行后，很快便在福建由书商杨素卿于清初发行第二版，后被清代《古今图书集成》（1725）及《授时通考》（1737）广泛摘引。17世纪末，《天工开物》传入日本，被广为传抄，1771年大阪出现了其刻本，从此成为江户时代（1603～1868）日本各界广为重视和征引的读物。18世纪《天工开物》流传到朝鲜，成为李朝后期实学派学者参引的著作。这部书已成为世界著名的科学经典著作在各国流传。英国学者李约瑟把宋应星称为"中国的阿格里科拉"和"中国的狄德罗"。日本学者薮内清也认为宋应星的著作足可与18世纪法国启蒙学者狄德罗主编的《百科全书》匹敌。

■ **大事坐标** ▮

1587年	生于南昌奉新北乡。
1615年	与其兄宋应升赴省城南昌参加乙卯科乡试，考取第三名举人。
1636年	刊行诗集《思怜诗》、政论集《野议》。
1637年	由友人涂绍煃资助，《天工开物》初版刊刻于南昌府。
1640年	辞官归里。
1643年	再任南直隶凤阳府亳州知州。
1644年	弃官返回奉新。
约1666年	去世。

■ **关系图谱** ▮

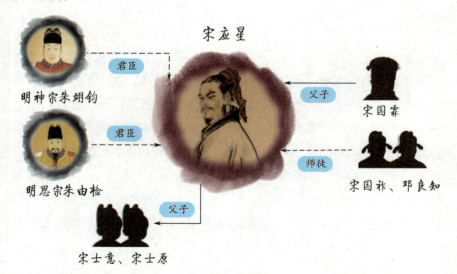

学贯中西

徐光启

■名片春秋 ｜

徐光启（1562～1633），字子先，号玄扈，天主教教名保禄，上海县法华汇（今上海市）人，明末数学和科学家、农学家、政治家、军事家。官至礼部尚书、文渊阁大学士。徐光启也是中西文化交流的先驱之一，是上海地区最早的天主教徒，被称为"圣教三柱石"之首。

■风云往事 ｜

◇初识西方◇

1562 年，徐光启生于南直隶松江府上海县法华汇（今上海市，为了纪念徐光启而改名为徐家汇）一个小商人的家里。当时的法华汇还不是城市而是乡村，四周都是种满庄稼的农田。徐光启小时候进学堂读书，就很留心观察周围的农事，对农业生产有着浓厚的兴趣。青少年时代更是聪敏好学，活泼矫健。

20 岁考中秀才以后，他先后在家乡和广东、广西教书，白天给学生上课，晚上广泛阅读农书，钻

▲ 上海徐家汇徐光启雕像

▲ 徐光启与利玛窦

研农业生产技术。由于农业生产同天文历法、水利工程的关系非常密切，而天文历法、水利工程又离不开数学，他又进一步博览古代的天文历法、水利和数学著作。

约1593年，徐启光受聘去韶州任教，两年后又转至浔州。徐光启在韶州见到了传教士郭居静，这是徐光启与传教士的第一次接触，郭居静所说都是闻所未闻的新鲜事。从此，他又开始接触西方控的自然科学，知识更加丰富了。

明朝末年，后金政权经常对明朝发动进攻，整个社会动荡不安。徐光启胸怀爱国的热忱，希望能够利用科学技术帮助国家富强起来，使天下的黎民过上"丰衣食，绝饥寒"的安定富裕的好日子。

◇结识利玛窦◇

在同郭居静交往的时候，徐光启听说到中国来传教的耶稣会会长利玛窦精通西洋的自然科学。1600年，他得到了利玛窦正在南京传教的消息，即专程前往南京拜访。

利玛窦是意大利人，原名叫玛太奥·利奇，他从小勤奋好学，对数学、物理学、天文学、医学都很有造诣，而且擅长制作钟表、日晷，善于绘制地图和雕刻。30岁从神学院毕业后，利玛窦被耶稣会派到中匡来传教。他为了便于同中国人交往，刻苦学习中国的语言、文字和文化，换上中国的服装，按照中国的礼节和风俗习惯进行活动，还为自己取了利玛窦这样一个中国名字。

▲ 徐光启画像

徐光启见到利玛窦,对他表示了仰慕之情,并希望向他学习西方的自然科学知识。利玛窦看他是个读书人,也想向他学习中国古代的文化典籍,并热衷发展他为天主教徒,就同他交谈起来。他们从天文谈到地理,又谈到中国和西方的数学。临别的时候,利玛窦对徐光启学习西方自然科学的请求未置可否,却送给他两本宣传天主教的小册子。一本是《马尔谷福音》,讲的是耶稣的故事;另一本是《天主实义》,是利玛窦用中文写的解释天主教义的书。1603 年,经过三年的考虑,徐光启在南京接受洗礼,全家加入了天主教。后来徐光启成为教会中最为得力的干将。

1604 年,徐光启考中进士,开始步入仕途。徐光启 20 岁时中秀才,36 岁中举人,考中进士时已是 43 岁,为科举功名共花费了 23 年时间。

徐光启在未中进士之前,曾长期辗转苦读。徐光启苦读多年,在破万卷书、行万里路之后,深知流行于明中叶以后的陆王心学主张祥静顿悟,反对经世致用,实为误国害民。徐光启思想上的如此转变,使他的后半生走上了积极主张经世致用、崇尚实学的道路。徐光启是明朝学术界、思想界兴起的实学思潮中的有力的鼓吹者和推动者。

利玛窦在同徐光启见面的第二年,来到了北京。他向明神宗贡献礼品,得到明神宗的批准,在宣武门外置了一处住宅,长期留居下来,进行传教活动。徐光启在公余之暇常常去拜访利玛窦,彼此慢慢熟悉,逐渐建立起深厚的友谊。

▲ 利玛窦画像

◇译介西方◇

1606 年,徐光启再次请求利玛窦向其传授西方

▲ 徐光启纪念邮票

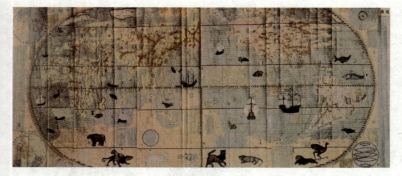

▲ 利玛窦绘《坤舆万国全图》

的科学知识，利玛窦爽快地答应了。他用公元前3世纪左右希腊数学家欧几里得的著作《原本》做教材，为徐光启讲授西方的数学理论。利玛窦每两天讲授一次，徐光启每次都能准时到达。

徐光启学得很快，时间不久就弄懂了这部著作的内容，深深地为它的基本理论和逻辑推理所折服，认为这些正是我国古代数学的不足之处。于是，徐光启建议利玛窦同自己合作，一起把它译成中文。从1606年的冬天，他们开始了紧张的翻译工作。先由利玛窦用口文逐字逐句地口头翻译，再由徐光启草录下来。译完一段，徐光启再字斟句酌地做一番推敲修改，然后由利玛窦对照原著进行核对。遇有译得不妥当的地方，利玛窦就把原著再仔细地讲述一遍，让徐光启重新修改，如此反复。徐光启对翻译非常认真，常常是到了深夜利玛窦休息了，他还独自坐在灯下加工、修改译稿。有时为了确定一个译名，他不断地琢磨、推敲，不知不觉地就忙到天亮。译文里的"平行线""三角形""对角""直角""锐角""钝角""相似"等中文的名词术语，都是经过呕心沥血的反复推敲而确定下来的。

1607年春，徐光启和利玛窦合作译出了这部著作的前六卷。徐光启想一鼓作气，接着往下译，争取在年内译完后九卷，但利玛窦却主张先将前六卷刻印出版，先听反映再说。付印之前，徐光启又独自一人将译稿加工、润色了三遍，尽可能把译文改得准确。然后他又同利玛窦一起，共同敲定书名的翻译问题。这部著作的拉丁文原名叫《欧几里得原本》，如果直译成中文，不太像是一部数学著作。如果按照它的内容，译成《形学原本》，又显得太陈旧了。

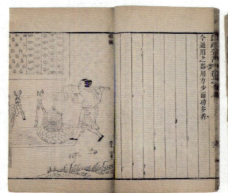
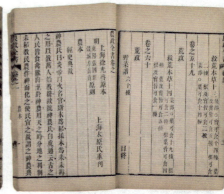

▲ 《农政全书》，清道光十七年(1837)刻本

利玛窦说，中文里的"形学"，英文叫作"Geo"，它的原意是希腊的土地测量的意思，能不能在中文的词汇里找个同它发音相似、意思也相近的词。徐光启查考了十几个词，觉得都不理想。后来他想起了"几何"一词，觉得它与"Geo"音近意切，建议把书名译成《几何原本》，利玛窦感到很满意。1607年，《几何原本》前六卷正式出版，马上引起巨大的反响，成了明末从事数学工作的人的一部必读书，对我国近代数学的发展起了很大的作用。

向传教士学习科技知识的同时，徐光启对他们的传教活动也进行了协助，帮他们刊刻宗教书籍，对传教士的活动也有所庇护。徐光启的许多行为多被朝臣误解，加上与其他官员的一些意见不合，因此他辞去官职，在天津购置土地，种植水稻、花卉、药材等。1613～1618年，他在天津从事农事试验。这期间他写成后来的农学巨著《农政全书》的编写提纲。

1619年，徐光启以詹事府少詹事兼河南道监察御史的新官衔督练新军。这期间他写了各种军事方面的奏疏、条令、阵法等，后来大都由他自选编入《徐氏庖言》一书之中。但是由于财政拮据、议臣掣肘等原因，练兵计划并不顺利。徐光启也因操劳过度，于1621年三月上疏回天津"养病"，六月辽东兵败，又奉召入京，但终因制造兵器和练兵计划不能如愿，十二月再次辞归天津。

魏忠贤阉党擅权时，为笼络人心，曾拟委任徐光启为礼部右侍郎兼翰林院侍读学士协理詹事府事，但徐光启不肯就任，引起阉党不满，被劾，皇帝命他"冠带闲住"，他于1624年回到上海。1625~1628年，在上海"闲住"

期间，他进行《农政全书》的写作。徐光启自编的军事论集《徐氏庖言》，也于此时刊刻出版。

◇修订历法◇

明思宗朱由检于 1628 年即位，黜魏忠贤，阉党事败，徐光启官复原职。八月，充日讲官，经筵讲官，为天子师。1629 年，他又被升为礼部左侍郎，随后接连升职，最后成为朝廷重臣。

这期间，徐光启将主要精力用于修改历法。自从与传教士接触之后，徐光启便开始留心天文历法。1629 年五月朔日食，徐光启使用西法推算，其结果较钦天监更准确，九月，朝廷决心改历，令徐光启主持。徐光启从编译西方天文历法书籍入手，同时制造仪器，精心观测。自 1631 年起，他分五次进呈所编译的图书著作，即著名的《崇祯历书》。

1632 年六月，徐光启以礼部尚书兼东阁大学士入阁，参与机要。1633 年八月，再加太子太保、文渊阁大学士兼礼部尚书。至此，徐光启已是位极人臣了。十一月病危，仍奋力写作，并嘱家属"速缮成《农书》进呈，以毕吾志"。

1633 年 11 月 7 日，徐光启逝世，谥文定，墓地现位于上海徐家汇光启公园。

■历史评价 ┃

徐光启在天文学上的成就主要是主持修订历法和编译《崇祯历书》。

徐光启一生关于农学方面的著作甚多，计有《农政全书》（大约完成于 1625~1628 年，死后经陈子龙改编出版

▲ 上海徐家汇光启公园内
徐光启墓

▲ 上海徐家汇徐光启纪念馆

于 1639 年)、《甘薯疏》(1608)、《农遗杂疏》(1612 年，现传本已残)、《农书草稿》《泰西水法》(与熊三拔共译，1612 年) 等。徐光启的农书著述与天文历法著述相比，从卷帙来看，数量虽不多，但花费时间之长、用功之勤，实为有过之而无不及。

■大事坐标 ┃

1562 年	生于南直隶松江府上海县法华汇。
1603 年	接受洗礼，全家加入了天主教。
1604 年	考中进士。
1607 年	《几何原本》前六卷正式出版。
1619 年	以詹事府少詹事兼河南道监察御史的新官衔督练新军。
1621 年	上疏回天津"养病"。
1632 年	以礼部尚书兼东阁大学士入阁，参与机要。
1633 年	再加太子太保、文渊阁大学士兼礼部尚书。
	逝世。

■关系图谱 ┃

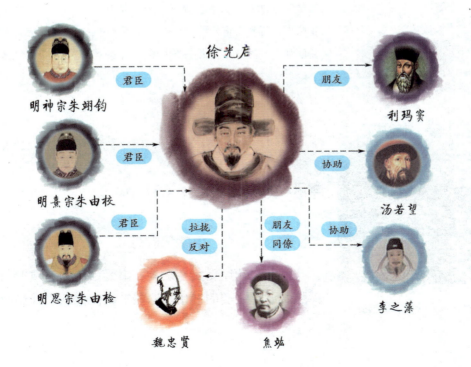

行者万里

徐霞客

■名片春秋 |

徐霞客（1587～1641），名弘祖，字振之，号霞客，明南直隶江阴（今江苏江阴）人。伟大的地理学家、旅行家和探险家和散文家。1637年正月十九日，由赣入湘，从攸县进入今衡东县境，历时55天，先后游历了今衡阳市所辖的衡东、衡山、南岳、衡阳、衡南、常宁、祁东、耒阳各县（市）区，三进衡州府，饱览了衡州境内的秀美山水和人文大观，留下了描述衡州山川形胜、风土人情的1.5万余字的衡游日记。他对石鼓山和石鼓书院的详尽记述，为后人修复石鼓书院提供了珍贵的史料。徐霞客在完全没有政府资助的情况下，先后游历了江苏、山东、贵州、云南等16个省。东到浙江的普陀山，西到云南的腾冲，南到广西南宁一带，北至河北蓟县的盘山，足迹遍及大半个中国。

▲ 江苏江阴胜水桥徐霞客出游处

■风云往事 |

◇孝父敬母◇

　　徐霞客幼年受父亲影响，喜爱读历史、地理和探险、游记之类的书籍。这些书籍使他从小就热爱祖国的壮丽河山，立志要遍游名山大川。15岁那年，他参加了童子试，没有考取。父亲见儿子无意功名，也不再勉强，就鼓励他博览群书，做一个有学问的人。徐霞客的祖先修筑了一座万卷楼藏书，这给徐霞客博览群书创造了很好的条件。他读书非常认真，凡是读过的内容都能记得。除了家里的藏书，他还到处搜集没有见到过的书籍。他只要看到好书，即使没带钱，也要脱掉身上的衣服去换书。19岁那年，他的父亲去世了。他很想外出去寻访名山大川，但是按照封建社会的道德规范"父母在，不远游"，徐霞客

▲ 徐霞客旅行路线示意图

因有老母在堂，所以没有准备马上出游。他的母亲是个读书识字、明白事理的人，她鼓励儿子说："身为男子汉大丈夫，应当志在四方。你出外游历去吧！到天地间去舒展胸怀，广增见识。怎么能因为我在，就像篱笆里的小鸡，套在车辕上的小马，留在家园，无所作为呢？"徐霞客听了这番话，非常激动，决心去远游。临行前，他头戴母亲做的远游冠，肩挑简单的行李，就离开了家乡。

◇至死不渝◇

徐霞客在地理学的贡献是十分巨大的。他对火山、温泉等地热现象也都有考察研究，对气候的变化，对植物因地势高度不同而变化等自然现象也都做了认真的描述和考察。此外，他对农业、手工业、交通的状况，对各地的名胜古迹演变和少数民族的风土人情，也都有生动的描述和记载。他的《徐霞客游记》中的文章篇篇优美，引人入胜。

1636年徐霞客最后一次出游。这次他主要游历了我国的西南地区，一直到达中缅交界的腾越（今云南腾冲），至1640年重新返回家乡。他回乡

不久就病倒了。他在病中还翻看自己收集的岩石标本。临死前，他手里还紧紧地握着考察中带回的两块石头。

◇遍访名河◇

徐霞客对许多河流的水道源头进行了探索，如广西的左右江，湘江支流萧、彬二水，云南南北二盘江以及长江等，其中以长江最为深入。浩荡的长江流经大半个中国，它的发源地在哪里，很长时间都是个谜。战国时期的一部地理书《禹贡》，书中有"岷江导江"的说法，后来的书都沿用此说。徐霞客对此产生了怀疑。他带着这个疑问，"北历三秦，南极五岭，西出石门金沙"，查出金沙江发源于昆仑山南麓，比岷江长500多千米，于是断定金沙江才是长江上源。由于当时条件的限制，徐霞客没能找到长江的真正源头，但他为寻找长江源头迈出了极为重要的一步。在他以后很长时间内，也一直没有人找到。直到1978年，国家派出考察队才确认长江的真正源头是唐古拉山的主峰格拉丹冬的沱沱河。

◇探访真相◇

徐霞客外出游历并不单单是为了寻奇访胜，更重要的是为了探索大自然的奥秘，寻找大自然的规律。如他对福建建溪和宁洋溪水流的考察，就是一例。黎岭和马岭分别为建溪和宁洋溪的发源地，两座岭的高度大致相等，可是两条溪水入海的流程相差很大，建溪长，而宁洋溪短。徐霞客经过考察，找出宁洋溪的水流比建溪快的结论。"程愈迫则流

《禹贡》

《尚书》中的一篇。是战国时魏国的人士托名大禹的著作，因而就以《禹贡》命名。

▲《徐霞客游记》书影

愈急"，也就是说路程越短，水流越急。这个地理学上的著名结论，就是由徐霞客通过实地考察得出来的。他在山脉、水道、地质和地貌等方面的调查和研究都取得了超越前人的成就。徐霞客在跋涉之后，无论身体多么疲劳，无论在什么条件下住宿，都坚持把自己考察的收获记录下来。他写下的游记有 240 余万字，可惜大多失散了。留下来的经过后人整理成书，就是著名的《徐霞客游记》。

▲ 江苏江阴徐霞客故居徐霞客雕塑

这部书多达 40 余万字，是将科学和文学融合在一起的一大"奇书"。

◇生死艰辛◇

在 30 多年的旅行考察中，徐霞客主要靠徒步跋涉，很少骑马乘船，还经常自己背着行李赶路。他寻访的地方多是荒凉的穷乡僻壤，或是人迹罕见的边疆地区。他不避风雨，不怕虎狼，与长风为伍，与云雾为伴，以野果充饥，以清泉解渴。他几次遇到生命危险，出生入死，尝尽了旅途的艰辛。

徐霞客 28 岁那年，来到温州攀登雁荡山。他想起古书上说的雁荡山顶有个大湖，就决定爬到山顶去看看。当他艰难地爬到山顶时，只见山脊笔直，简直无处下脚，怎么能有湖呢？可是，徐霞客仍不肯罢休，继续前行到一个大悬崖，路没有了。他仔细观察悬崖，发现下面有个小小的平台，就用一条长长的布带系在悬崖顶上的一块岩石上，然后抓住布带悬空而下，到了小平台上才发现下百斗深百丈，无法下去。他只好抓住布带，脚蹬悬崖，吃力地往上爬，准备爬回崖顶。爬着爬着，带子断了，幸好他机敏地抓住了一块突出的岩石，不然就会掉下

▲ 江苏江阴徐霞客墓

▲ 江苏无锡徐霞客故居

▲ 江苏江阴徐霞客博物馆

深渊，粉身碎骨。徐霞客把断了的带子结起来，又费力地向上攀缘，终于爬上了崖顶。还有一次，他去黄山考察，途中遇到大雪。当地人告诉他有些地方积雪有齐腰深，看不到登山的路，无法上去。徐霞客没有被吓住，他拄了一根铁杖探路，上到半山腰，山势越来越陡。山坡背阴的地方最难攀登，路上结成坚冰，又陡又滑，脚踩上去，就滑下来。徐霞客就用铁杖在冰上凿坑。脚踩着坑一步一步地缓慢攀登，终于爬了上去。山上的僧人看到他都十分惊奇，因为这些人被大雪困在山上已经好几个月了。他还走过福建武夷山的三条险径：大王峰的百丈危梯、白云岩的千仞绝壁和接笋峰的"鸡胸""龙脊"。在他登上大王峰时，已是夕阳将落，下山寻路不得，他就用手抓住攀悬的荆棘，"乱坠而下"。也在嵩山，从太室绝顶上也是顺着山峡往下悬下山的。

■ 历史评价 |

徐霞客在地理学和文学上都有重要影响。

在地理学上的重要成就有：①对喀斯特地区的类型分布和各地区间的差异，尤其是喀斯特洞穴的特征、类型及成因，有详细的考察和科学的记述，并初步论述其成因。他是中国和世界广泛考察喀斯特地貌的卓越先驱。②纠正了文献记载的关于中国水道源流的一些错误，正确地指出河岸弯曲或岩岸近逼水流之处冲刷侵蚀厉害，河床坡度与侵蚀力的大小成正比等问题。对喷泉的发生和潜流作用的形成，也有科学的解释。③观察记述了很多植物的生态品种，明确提出了地形、气温、风速对植物分布和开花早晚的各种影响。④调查了云南腾冲打鹰山的火山遗迹，科学地记录与解释了火山喷发出来的红色浮石的质地及成因；对地热现象的详细描述，在中国也是最早的。⑤对所到之处的人文地理情况，包括各地的经济、交通、城镇聚落、少数民族和风土文物等，也做了不少精彩的记述。他在中国古代地理学史上超越前人的贡献，特别是关于喀斯特地貌的详细记述和探索，居于当时世界的先进水平。

在文学上的主要特点是：①写景记事，悉从真实中来，具有浓厚的生活实感；②写景状物，力求精细，常运用动态描写或拟人手法，远较前人游记细致入微；③词汇丰富，敏于创制，绝不因袭套语，落入窠臼；④写景时注重抒情，寓情于景，情景交融，同时注意表现人的主观感觉；⑤通过丰富的描绘手段，使游记表现出很高的艺术性，具有恒久的审美价值。

此外，在考察记游的同时，还常常兼及当时各地的居民生活、风俗人情、少数民族的聚落分布、土司之间的战争兼并等，具有一定的历史学、民族学价值。《徐霞客游记》被后人誉为"世间真文字、大文字、奇文字"。徐霞客从地形环境的角度解释了出现这种自然现象的原因，驳斥了迂腐的迷信说教，这也表现了他的唯物主义自然观。毫不夸张地说，他是我国伟大的地理学家和文学家。

■ **大事坐标** ▮

1587 年	生于江阴。
1636 年	最后一次出游。
1640 年	返回家乡。
1641 年	患病而死。

■ **关系图谱** ▮

徐霞客　——父子——　徐有勉

航海名家

郑 和

■名片春秋

郑和（1371～1433），原名马三宝。明朝航海家、外交家。1380年冬，明朝军队进攻云南，马三宝10岁时，被掳入明营，阉割成太监，之后进入朱棣的燕王府。在靖难之变中，马三宝在河北郑州（今河北任丘北）为燕王朱棣立下战功。1404年，明成祖朱棣认为马姓不能登三宝殿，因此在南京御书"郑"字赐马三宝郑姓，改名为和，任为内官监太监，官至四品，地位仅次于司礼监。1431年钦封郑和为三宝太监。

■风云往事

◇少年时埋下的种子◇

在幼年时郑和已经深受伊斯兰教的影响，郑和父亲与祖父均曾朝拜过伊斯兰教的圣地麦加，熟悉远方异域、海外各国的情况，郑和本人也在航海时曾派遣一支船队到达阿拉伯半岛红海沿岸。从父亲与祖父的言谈中，年少的郑和已对外界充满了强烈的好奇心，而父亲为人刚直不阿、乐善好施，不图回报的秉性也深深影响了郑和。

▲《郑和下西洋600周年》
纪念邮票小型张

◇委以重任◇

之所选择郑和成为远航的总指挥，原因有很多。明成祖朱棣对郑和的人品、才能、知识有充分的了解。郑和少年时就在朱棣身边，跟着朱棣南征北战，是"靖难之役"的有功之臣，并被朱棣皇帝视为心腹。但是，更为重要的是郑和所具备的素质适合于担任下西洋总兵正使一职。

第一，郑和懂兵法，有谋略，英勇善战，具有卓越的军事指挥才能。郑和少年时就在明军中服役，在明军中成长，后转入燕王府侍候朱棣。郑和成年后，经受了战火考验，跟着朱棣参与"靖难之役"，出生入死，转战南北，经历数次重大战役，具有实战经验。为此，朱棣皇帝才授予郑和"钦差总兵太监"军衔，将2万余名官兵交给郑和指挥。郑和下西洋中的几次军事行动也证明了郑和的军事指挥才能，正是其出色的军事指挥才确保了这几次军事行动的成功。

第二，郑和熟悉西洋各国的历史、地理、文化、宗教，具有卓越的外交才能。在郑和下西洋前，郑和曾出使暹罗、日本，有外交活动经验。特别是1404年出使日本，通过郑和的外交活动，使得日本主动出兵清剿在中国沿海的倭寇，并与中国正式建立外交关系，签订贸易条约。这些外交成果使朱棣皇帝十分满意，并为下西洋解除了后顾之忧。正是由于郑和具有卓越的外交才能，才促使朱棣皇帝把下西洋重任交托给郑和。在下西洋途中，郑和不辞辛劳，往返于西洋各国之间，妥善处理各种外交事务，解决了一系列棘手问题，化解了矛盾，稳定了国际关系，提

暹罗

泰国原名，东临老挝和柬埔寨，南面是暹罗湾和马来西亚，西接缅甸和安达曼海。大多数泰国人信奉上座部佛教，佛教徒占全国人口九成以上。

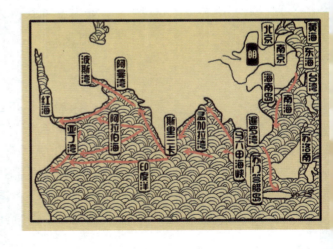

▲ 郑和下西洋路线示意图

179

▲ 郑和下西洋

高了中国威信。这充分体现了郑和娴熟的外交手腕和杰出的外交才能。

第三，郑和具备一定的航海、造船知识。郑和从小就从其父亲那里得到有关的航海知识，熟悉海洋，向往航海。在郑和担任内宫监太监时，营造宫殿，监造船舶，有造船经验。在下西洋前，郑和进行了两次较远距离的海上航行，增加了航海知识，积累了航海经验，为下西洋远航打下了基础。在下西洋途中，郑和通过航海实践，不断地丰富航海知识，积累航海经验，提高航海技术，为他成功下西洋打下了坚实的基础。

第四，郑和身份特殊，熟悉回教地区习俗。他熟悉、尊重佛教。而郑和下西洋途经的国家、地方，不是信奉回教，便是信奉佛教。共同的宗教信仰有利于沟通。这对于郑和能出色地完成下西洋也有一定帮助。郑和过人的胆识、聪明的才智、健康的体魄、踏实的作风、广阔的胸怀，这些个人素质使郑和具备了作为庞大船队统帅和指挥员的条件。

正是由于郑和自身条件和所具备的才能、素质才为朱棣所赏识，并委以重任，成为下西洋船队的统帅。郑和也不孚重望，七下西洋出色地完成了远航任务。

◇遗风犹存◇

2002 年在云南大学开幕的"第二届昆明郑和研究国际会议"上，英国人孟席斯（Gavin Menzies）做了题为《郑和是环球航海第一伟人》的主题报告，指出第一批到达美洲的欧洲人发现了提取染料、制铜、采矿等中国常见而当时世界领先的技术，并且发现了亚洲特有的动植物。而且 DNA 分析发现，加利福尼亚、巴西、澳大利亚等地的土著人中有可能含有中国人的 DNA，而美洲各民族中都发现只有中国和东南亚才有的病症。孟席斯说，上述证据表明，1421 年三月至 1423 年十月，四支中国大型船队进行了环球航行，这些船队上的水手及其家眷定居在马来西亚、南北美、澳大利亚、新西兰及其他太平洋岛屿，中国人（郑和船队）最先发现并定居美洲新大陆，并绘制了世界地图。郑和下西洋为代表的中国造船术、航海技术等中华文明，不可否认地成为人类历史宝库中璀璨的明珠。在马来西亚有三宝山、三宝井，印尼有三宝垄、三宝庙，留下郑和遗迹，表达了当地人民对这位传播中华文明先驱的崇高敬意。

■ 历史评价 |

郑和曾到过爪哇、苏门答腊、苏禄、彭亨、真蜡、古里、暹罗、阿丹、天方、左法尔、忽鲁谟斯、木骨都束等 30 多个国家，最远曾达非洲东岸，红海、麦加，并有可能到过澳大利亚。这些记载都代表了中国航海探险的高峰，比西方探险家达伽马、哥伦布等人早 80 余年。当时，明朝在航海技术、船队规模、航程之远、持续时间、涉及领域等均领先于同一时期的西方，彰显了我国国力，增进了我国与世界其他地区的联系。郑和下西洋在海洋事业上还有许多贡献，郑和的功绩是辉煌的，属于中国，也属于世界。他从 30 多岁开始，前后 28 年献身海洋，最后一次下西洋时已经 60 岁了，为了中外文化交往和航海事业，他毅然率领船队出使。这次他再没有回来，病逝在印度的古里，永远长眠在他开辟的和平的道路上。

在人才辈出的文明历史长河中，郑和先于西方人航海，以胜于西方人的航海技术受到国际社会的关注。人们关注和研究他的最主要层面，是郑和所代表的一种文化精神；一种中国人不畏艰险，征服

▲ 江苏南京周昉村牛首山
南麓郑和墓

自然的价值趋向；一种打开国门，走向世界，进行文化交流的决心。

郑和这种敬业献身、报效国家的精神是永存的，凝聚着中华民族开放进取、和平友好、交流合作、经略海洋和敢为天下先的优秀品德，是一笔宝贵的精神财富，值得后人继承和弘扬。

■大事坐标 |

1371 年	出生。
1382 年	被掳入明营，遭宫刑迫害。
1390 年	被燕王朱棣看中，选入燕王府服役。
1404 年	因战功显赫，获明成祖朱棣赐姓"郑"的殊荣，从此改称郑和。
1405 年	奉成祖命，从南京龙江港起航，偕王景弘率 2.78 万人第一次下西洋。
1407 年	回国后，立即与王景弘、侯显等率船队第二次下西洋。
1409 年	偕王景弘、费信等第三次下西洋。
1413 年	偕马欢等人率船队第四次下西洋。
1417 年	率船队第五次下西洋。
1421 年	偕王景弘、马欢等人率船队第六次下西洋。
1431 年	偕王景弘、马欢、费信、巩珍等率船队 27 550 人第七次下西洋。
1433 年	归国途中，积劳成疾，在古里（今印度卡利卡特）病逝。

■关系图谱 |

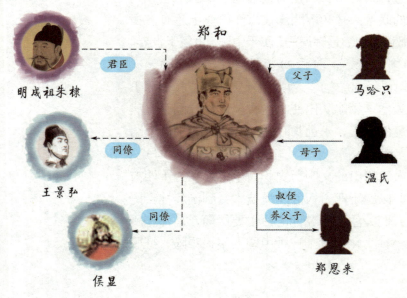

理财名臣

周忱

■名片春秋 |

周忱（1381 ~ 1453），字恂如，号双崖，江西吉水人。明前期大臣，以善理财知名。1404 年进士，补翰林院庶吉士；翌年进学文渊阁，寻擢刑部主事，进员外郎。1425 年迁越府长史。1430 年授工部右侍郎，奉命巡抚江南，总督税粮。1453 年卒，谥文襄。著有《双崖集》。

■风云往事 |

◇整顿江南税粮◇

　　周忱是江西吉水人，1404 年进士，选庶吉士。自请进文渊阁，参与修编《永乐大典》等。授刑部主事，进员外郎。虽有经世才，但浮沉郎署 20 年，未得升迁。1424 年，夏原吉知之，荐迁越府长史。1430 年，又得大学士杨士奇、杨荣的赏识，被荐为工部左侍郎，巡抚江南诸府，总督税粮。

　　周忱巡抚江南的一个重要使命是整顿江南税粮。江南田赋重，赋税拖欠，百姓生活艰难。他不带任何随从，向农夫村妇详细询问最感痛苦的事情是什么，原因在哪里，希望如何处置。时间长了，百姓

▲ 周忱画像

▲ 周忱深入民间调查研究

有什么心里话都愿意向他倾诉，彼此相处如家人父子。他体恤下属，许多事情都同他们商量，并虚心请教，对有才干的官员，则放手提拔使用。如苏州知府况钟、松江知府赵豫、常州知府莫愚都成为他得力的左膀右臂，共同促成了江南的经济改革。

江南官田重赋是明代财政经济中十分特殊的现象。沉重的负担迫使农民大批逃亡，国家税源减少，拖欠严重。1422～1425年，苏州府欠粮392万石；1415～1421年，松江府不得不免征几百万石。宣德初年，苏州府累计拖欠至790万石。1430年，松江额定征收田粮的起运部分为43.9万石，实征6.6万石，只征得15%。正如有人所说："只负重税之名，而无征输之实。"从朱元璋时候起就一直颁布减轻税额的诏令，但多数情况是朝令夕改，言而无信。因为江南是朝廷的财赋重地，承担着官僚、勋贵的巨额俸禄支应。到宣德年间，问题已经到了非解决不可的地步。1430年，宣宗再次下诏减轻官田税额，而户部考虑到支出的困难，往往"私戒有司，勿以诏书为辞"。正是在这种情况下，周忱被派往江南整顿田赋。周忱拉皇帝诏书作大旗，抵制户部的压力，与苏州知府况钟等经过一个多月的筹算，对各府的税粮都做了认真调整，仅苏州府即减72万石。周忱本想更多地降低一些官田税率。如当时一种田称古额官田，税额特别重，耕种者无力负担，周忱请求依民田起科。太师郭资和户部尚书胡濙便弹奏他"变乱成法，沽名钓誉"，要求给以惩治。宣宗虽然批评了郭资、胡濙，但也没有答应周忱的请求。朝廷不愿承受更多的"损失"，周忱便把思路转到以灵活的政策办法促进赋役改革和降低百姓负担上来。

◇ 改革粮食运输 ◇

田赋制度中的粮食运输征解问题十分棘手。当时江南田粮运送北京，有军运，有民运。民运中，运夫百姓的负担相当沉重，"军船给之官，民则傭舟，加以杂耗，率三石致一石，往复经年，失农业。"周忱与漕运总督陈瑄商议，将江南漕粮兑给漕军运输，具体办法是：民运至淮安或瓜洲水次交兑，然后由漕军运至通州。每征粮一石民运至淮安，加耗粮五斗，运至瓜洲，加耗五斗五升。江南卫所官军就附近仓廒直接运输，另加给过江米二斗，铺垫芦席费五合。这个办法，农民既省费用又便利，漕军也得到了实惠。

运输要加耗，鼠雀吃食、水中漂没、腐烂等都会有消耗。除了田粮正项，耗米征收是一大负担和一大漏卮。最大的问题是"豪有力者只供正额，而一切转输诸费，其耗几与正额等，乃独责之贫民。此耗之不得其平也"。为了改变这种状况，1433 年，周忱创"平米法"。平米，指正额与耗米两项而言，其办法是："官民田皆画一加耗。初年正米一石加耗米七斗，计输将远近之费为支拨。支拨之余者存积县仓，曰余米。次年余米多，正米一石，减加耗为六斗。又次年余米益多，减加耗为五斗。"在平米法的基础上，又建立"济农仓"。济农仓米的来源，其一就是平米支拨后存留的余米，此外，还有丰收年发官钞所籴储存的粮米，以及奏定"京俸就支法"所节省的耗米。据周忱于 1432 年所奏："先是，苏、松、常三府岁远南京仓米一百万石，以为北京武职之俸。每石外加盘用耗米六斗。然前俸既可以南京支取，独不可以三府就取乎？是岁，减耗米六十万石。"又据《明史·周忱传》记载，就支取办法规定，给予就地支取者每俸米一石船价米一斗。所节余部分是耗米每石五斗。另外，在某些县份还有向富人劝借米，清理豪右侵占绝户田租等。济农仓除去用

▲ 明宣宗朱瞻基画像

陈瑄（1365~1433），字彦纯，安徽合肥人。明代武官、水利专家，明清漕运制度的确立者。历任大将军幕府、都指挥同知、右军都督金事，迎降燕军，封平江伯，充总兵官、总督海运城天津卫、督漕运，理漕河 30 年。

▲ 大明通行宝钞

宝钞

古时指纸币，即元、明、清代发行的一种纸币，如"至元通行宝钞""大明通行宝钞""大清宝钞"等。

于赈贷贫民耕作食用之外，"凡陂塘堰圩之役，计口而给食者，于是取之。江河之运不幸遭风涛亡失者，得以假借"。"买办纳官丝绢，修理舍、廨、庙、学，攒造文册及水旱祈祷"等都随时支用。这种将田赋的征收与徭役的支出混合使用的办法，开了赋役合征的先河，在明代赋役制度的改革中具有开创意义。周忱亦以善理财赋著称，如《明史·周忱传》指出："终忱在任，江南数大郡，小民不知凶荒，两税未尝逋负，忱之力也。"

1436年，随着宝钞的贬值和铜币的窳败，银币的流通势不可挡。于是江南400万石漕粮也折征为100万两白银。这就是金花银的出现。田赋实物税粮改折为白银，对纳税者免除了运输等盘费与麻烦，就是改折为布、绢等"折色"物品，也比缴纳"本色"粮米合算。周忱向朝廷尽可能争取缴纳"折色"，同时，利用米粮、布绢、白银作为调节赋税负担的杠杆。"忱请检重额官田，极贫下户两税，准折纳金花银，每两当米四石，解京兑俸，民出甚少，而官俸常足。"松江为明代棉纺织中心，洪武时已有以布折赋的先例。周忱再次奏请恢复松江、常州部分秋粮折布缴纳。

明代有按田粮随征马草的税目。马草运输比粮食尤难。周忱奏请每束折银三分，缴付南京，由南京就近购买，公私皆便。洪武年间（1368～1398），因为北方地旷人稀，便于江浙苏、松等处选派人到凤阳等地养马走递，充当驿夫。正统年间（1436～1449），周忱奏请以秋粮带征耗米，易银交付北方有关地区，从而减轻了江南马夫的负担。

正统初年，周忱被任命巡视淮安、扬州盐务，整顿那里的盐税拖欠问题。

周忱命苏州等府拨余米12万石至扬州盐场，抵作田赋，而令灶丁纳盐支米。如此既使百姓交足了税，又降低了百姓负担。

▲ 江西吉安长塘乡山前村周忱墓

◇黯然而终◇

周忱的改革触及了地方豪强的利益，在朝廷也遭到一些人的反对。1442 年，豪强尹崇礼攻击他"多征耗米"。正统九年（1444）给事中李素等弹劾周忱"妄意变革，专擅科敛"。1450 年，国难当头之际，应天府豪民彭守学又攻击周忱"多收耗米"，甚至攻击他"变卖银两，假公花销，任其所为，不可胜计"。户部竟奏请"分往各处查究追征"。1451 年八月，周忱被迫离职。

"忱既被劾，帝命李敏代之，敕无轻易忱法。然自是户部括所积余米为公赋，储备萧然。其后吴大饥，道馑相望，课逋如故矣。民益思忱不已，即生祠处处祀之。"

1453 年十月，周忱卒，谥文襄。著作有《双崖集》。

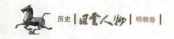

■历史评价 Ｉ

周忱在任期间，江南各郡的百姓都不知道灾荒是什么，很多年轻一代没受过灾荒之苦，赋税也能负担得起，这都是周忱的功绩。周忱治政处事，不拘常规，机变多端，只要利国利民，不避时忌，因而屡受弹劾离职退官。周忱的继任者大部分都遵守其制定的规章，但极少有成效。百姓怀念周忱，为其建祠堂祭拜。

■大事坐标 Ｉ

1381 年　出生。
1404 年　考中进士，选庶吉士。
1424 年　荐迁越府长史。
1430 年　被荐为工部左侍郎，巡抚江南诸府，总督税粮。
1433 年　创"平米法"。
1451 年　被迫致仕。
1453 年　黯然而终。

■关系图谱 Ｉ

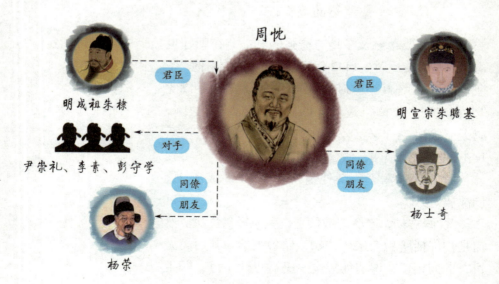

周忱

明成祖朱棣　—君臣→

明宣宗朱瞻基　—君臣→

尹崇礼、李素、彭守学　对手

同僚 朋友　杨士奇

同僚 朋友

杨荣